本土化妆品
品牌塑造研究

Research on
Brand-building of Local Cosmetics

罗子明·主编

钟诗行　李艳芳　刘红菊　等·参编

中国财富出版社

图书在版编目（CIP）数据

本土化妆品品牌塑造研究／罗子明主编 . —北京：中国财富出版社，2019. 5
ISBN 978 - 7 - 5047 - 6903 - 9

Ⅰ. ①本… Ⅱ. ①罗… Ⅲ. ①化妆品—品牌—企业管理—研究
Ⅳ. ①F416. 7

中国版本图书馆 CIP 数据核字（2019）第 093274 号

策划编辑	谢晓绚		**责任编辑**	张冬梅　王　君			
责任印制	梁　凡　郭紫楠		**责任校对**	卓闪闪		**责任发行**	董　倩

出版发行	中国财富出版社	
社　　址	北京市丰台区南四环西路 188 号 5 区 20 楼	**邮政编码**　100070
电　　话	010 - 52227588 转 2098（发行部）　010 - 52227588 转 321（总编室）	
	010 - 52227588 转 100（读者服务部）010 - 52227588 转 305（质检部）	
网　　址	http://www. cfpress. com. cn	
经　　销	新华书店	
印　　刷	北京九州迅驰传媒文化有限公司	
书　　号	ISBN 978 - 7 - 5047 - 6903 - 9/F · 3034	
开　　本	710mm×1000mm　1/16	**版　　次**　2019 年 8 月第 1 版
印　　张	11. 5	**印　　次**　2019 年 8 月第 1 次印刷
字　　数	206 千字	**定　　价**　52. 00 元

前　　言

近年来，中国经济快速发展，化妆品行业也欣欣向荣。行业发展给企业带来了空前的发展机遇，同时，企业必须不断提升核心竞争力才能立足。品牌是企业实现溢价、价值增值的重要支撑。现代营销学之父菲利普·科特勒在《市场营销学》中将品牌定义为，企业向消费者提供的一组具有特定特点的利益和服务。

品牌塑造（Brand Building）是指赋予品牌某种定位，并为此付诸行动的过程或活动。

国家市场监督管理总局的调查数据显示，截至 2018 年 6 月底，全国拥有化妆品生产资质的企业 3800 多家。从整体来看，本土化妆品品牌主要集中在中低端市场，而外资化妆品品牌占据高端市场，跨国公司凭借较强的研发能力、品牌影响力及品牌营销能力，占据化妆品产业的领先地位。目前，化妆品市场的品牌集中度很高。

本土化妆品企业的竞争力在不断增强，本土化妆品品牌所占的市场份额正在逐渐提升，本土化妆品品牌对外资化妆品品牌造成了竞争压力。但本土化妆品企业的品牌塑造力还较弱，大多数企业采用简单的方法向消费者宣传自己的品牌形象，不善于运用品牌策略塑造品牌形象，品牌空有认知度，缺乏美誉度，更谈不上品牌忠诚度。

本书研究本土化妆品的品牌塑造，梳理消费者对品牌感知的影响维度模型，建立本土化妆品品牌塑造的理论体系，为本土化妆品品牌塑造提供理论指导。

作者
2019 年 1 月

目　　录

第一章　化妆品业的发展历史与行业现状

"化妆"一词源于古希腊语，含义是"装饰的技巧"，意为把人体自身的优点加以发扬，把缺点加以修饰。

化妆品（Cosmetic），《化妆品标识管理规定》（附录6）将其定义为"以涂抹、喷、洒或者其他类似方法，施于人体（皮肤、毛发、指趾甲、口唇齿等），以达到清洁、保养、美化、修饰和改变外观，或者修正人体气味，保持良好状态为目的的产品"。在前述普通化妆品之外，具有一定治疗和修正功能的化妆品被称为"特殊用途化妆品"。

一、化妆品业的发展历史

有史料记载的国外化妆品最早出现于古埃及。大约在公元前5世纪，古埃及人在许多宗教仪式上除了焚烧香膏、香木外，还使用芳香制品混同油脂涂在人体上参加朝圣，或涂于尸体上作为防腐剂。同一时期的古罗马帝国也注重皮肤、毛发、指甲及口腔的保健和修饰，并开始使用化妆品。埃及克娄巴特拉女王时期，化妆品业空前发展，女王用驴乳沐浴，使皮肤细腻、嫩白，并用散沫花染指甲等。

公元2世纪，一位叫凯林的希腊医学家在罗马从事化妆品研究工作，他发现在传统香膏中加入适量的水然后调和均匀，可以提高香膏的质量，这奠定了现代香脂生产的基础。

公元3世纪，意大利的那不勒斯地区的芳香业蓬勃发展，制品有液体香油、固体香膏和香粉等。将香粉放置在衣橱中，可使衣服具有香味并能防虫蛀。另外，该地区还生产樟脑、藏花油、檀香、玫瑰油、麝香、丁香油等香料。意大利罗马的理发店已开始使用香水。罗马的一种名为"夫拉恩伯尼"的香水非常出名。该香水是由夫拉恩伯尼的后代研制的，制作方法是先将鸢尾根末和微量的麝香或灵猫香配制成香粉，然后用乙醇浸泡、提取成带香味的液体。

7世纪到12世纪，阿拉伯国家的化妆品业也取得了很大的发展。阿拉伯人在12世纪时已经开始采用蒸馏提取技术制备香精，这是化妆品工业的一大进步。

1370年，匈牙利开始用酒精、香料调制酒精香水。匈牙利是生产酒精香水最早的国家之一，这种香水至今仍享有盛名。

欧洲文艺复兴时期，随着文化的繁荣，人们对化妆品的需求也越来越迫切。之后，随着工业革命的深入发展，化妆品业开始从医学中分离出来。17世纪至19世纪，合成染料业开始发展，香料工业也不断进步，到了19世纪末，化妆品业生产发展为独立的工业部门。

近代迅速崛起的化工原料工业、油脂工业、香料工业、有机合成工业为化妆品工业奠定了坚实的基础。

我国有悠久的历史与灿烂的文化，也是最早懂得和使用化妆品的国家之一。公元前1000年左右，我国已经有了美容品"燕支"，将燕地产的红兰花叶，捣成汁、凝作脂，用以饰面，即今天人们所说的"胭脂"。

我国现代化妆品厂始建于19世纪末20世纪初，最早的是在香港建厂的广生行。1898年，香港创办了我国第一家用机器生产化妆品的工厂——"广生行"。广生行最开始生产双妹牌花露水、双妹牌雪花膏和双妹牌香粉，之后又陆续在上海、广州、营口等地建厂生产花露水、如意油、如意膏等产品。广生行的创办是我国化妆品业从作坊式生产发展到机械化生产的标志。1915年，广生行的双妹牌化妆品获巴拿马奖。广生行在当时是本土化妆品的领导者，但在那个时期，其产量较少。1911年，中国化学工业社在上海建立（上海牙膏厂的前身）。1913年，中华化妆品厂在上海建立了，生产发蜡、菊霜等产品。

清末及民国时期是我国化妆品业兴起、繁荣的时期，也正是在这个时期诞生了许多老字号品牌。

1949年中华人民共和国成立前，由于政治局势不稳定，全国只有少数化妆品生产企业，并且产量少、档次低、质量差。中华人民共和国成立后，化妆品工业在中华人民共和国中央人民政府原轻工业部的领导下，形成了独立的工业体系。

20世纪50年代，我国的化妆品行业进行了充分调整，将创建于1861年的上海老妙香室粉局改为东凤日用化工厂，将广生行改为上海家用化学品厂，生产规模不断扩大，产品种类不断丰富。

到了20世纪80年代，我国的化妆品行业已形成了门类齐全的生产体系。随着市场经济的不断发展，我国化妆品产业借鉴国外先进经验，得到了前所未有的发展。1996年，我国化妆品生产企业已达2700多家，品种近万个，工业销售产值达到220亿元，产品出口创汇5707万美元。

近些年，化妆品市场竞争异常激烈，国际品牌凭借资金、研发能力和品牌知名度等优势大力拓展市场，收购了一些在细分领域发展较好的本土化妆品品牌。外资品牌不仅占领了我国高端化妆品市场，而且借助其收购的本土品牌的原有消费者，将其产品系列向中低端市场延伸。为了应对竞争，本土化妆品企业也开始进行市场细分和产品线划分。上海家化联合股份有限公司（以下简称上海家化）建立了佰草集品牌，佰草集作为高端品牌打入了欧美市场，这也是我国本土化妆品品牌"走出去"的第一例。总体而言，本土化妆品品牌与外资品牌的竞争加剧，但是外资品牌仍占据绝对优势。

二、本土化妆品品牌塑造势在必行

1. 本土化妆品市场的特点

当前，我国化妆品市场呈现出以下特点。

第一，市场规模大，发展速度快。根据《中国轻工业年鉴2009》的统计，1998—2009年，我国化妆品行业销售额逐年增长，2009年年底，化妆品行业销售额超过1400亿元，比上年增长了7.7%。经历了这十余年的发展和积淀，我国化妆品行业进入了加速发展的黄金时期。国家统计局的调查数据显示，2013—2017年，我国化妆品零售总额不断增加，年均复合增长率约为11.53%。2017年我国限额以上化妆品零售总额已达到2514亿元，同比增加了13.14%，2018年前两个季度，我国限额以上化妆品零售额为1276亿元，同比增加了14.20%，增速在15个商品品类中位居第一。

国家统计局的资料显示，2012—2017年我国限额以上化妆品的零售额如表1－1所示。

表1－1　　　　2012—2017年我国限额以上化妆品的零售额

年份	零售额（亿元）
2012	1340

年份	零售额（亿元）
2013	1625
2014	1825
2015	2049
2016	2222
2017	2514

整体而言，我国化妆品市场销售总额庞大，发展势头迅猛，本土品牌面临重要的发展契机，关键在于提升自己的竞争实力。

第二，本土化妆品品牌竞争力弱，即市场占有率低、品牌溢价能力差。纵然我国化妆品市场广阔、行业潜力巨大，本土化妆品销售额逐年增长，但本土化妆品在竞争中并不占优势。

从品牌数率来看，有关数据显示，我国有千余家化妆品生产企业，产品品种数量更是庞大，超过 2 万个，但本土知名品牌屈指可数。在不同细分市场，外资品牌与本土品牌并存，且外资品牌有中高低全方位发展的趋势，消费者的选择也日趋固定，尤其是具有一定消费能力的"中产阶级"，其品牌忠诚度极高。

从市场占有率来看，当前，我国本土化妆品品牌零售总额不足或刚刚接近外资品牌的 1/4；国外品牌凭借产品优势、技术优势、资金和规模优势稳居中高端市场，以来自欧美、日韩的知名品牌为代表，本土品牌则聚集于中低端市场。

在品牌溢价能力方面，国外品牌位于金字塔的顶端，虽然数量少，但攫取了绝大多数的利润，而本土品牌则位于金字塔的底端，虽然数量多，但市场占有量和利润率低。同时，国外品牌随着对本土品牌的收购，开启了本土化战略，不断向中低端市场渗透，吞噬本土品牌原本有限的市场，凭借较高的零售价格获取高额利润。2013 年 8 月 15 日，我国面膜品牌、市场占有额高达 26.4% 的美即面膜品牌被欧莱雅（L'ORÉAL）集团全额收购。我们熟知和为之骄傲的本土化妆品品牌如小护士、羽西、大宝等相继"换了东家"，被国外化妆品集团并入旗下。拥有全球第四大化妆品市场规模的中国，却没有一个形成规模的化妆品集团，导致很多本土品牌在竞争中势单力薄，最终难逃被并购的命运。本土品牌的主要优势是定价相对较低，但是整体的品牌溢价能力差，最终的利润率低。

以本土化妆品知名企业上海家化为例，经济增速放缓、海外消费剧增、电子商务崛起、体验经济爆发，形势的巨变使这家本土企业面临巨大压力。2016 年上海家化的年中财报显示，报告期内，上海家化实现了 30.66 亿元的营业收入，同比减少了 4.64%；净利润为 3.7 亿元，同比下降了 41.89%。

2. 本土化妆品品牌自身存在的问题

本土化妆品品牌自身存在以下主要问题。

（1）产品功效得不到保证。

大部分本土化妆品品牌缺乏足够的资金和技术支持，导致创新研发能力弱，因而产品功效得不到保证，产品品质不被消费者认可。这是本土化妆品品牌竞争力弱的最主要的原因之一，也是大部分本土化妆品企业普遍存在的短板。

（2）产品同质化现象严重，缺乏品牌个性。

大多数本土化妆品品牌定位模糊，同一档次、同一功能的化妆品种类繁多，但大多数品牌缺乏独特性，在消费者心中的识别度低，品牌知名度低。在化妆品市场中，本土化妆品品牌跟风现象严重，如草本护肤品受消费者的青睐，企业便竞相模仿。本土化妆品品牌或是没有独特的内涵，或是设计缺乏鲜明的特征。

（3）品牌传播环节相对薄弱。

当前，本土化妆品品牌中只有极少数进军了欧美市场，为部分国外消费者所知晓；多数本土化妆品品牌属于"内秀型"，知名度无法与国外化妆品品牌相提并论，甚至一些品牌的传播和使用范围只限于某一地域。随着欧美、日韩化妆品品牌的冲击，一些本土化妆品品牌发展几年后便销声匿迹了。现在知名度较高的百雀羚也是近几年才发出了自己的"声音"，找到了自己的定位，进行了大力的品牌传播。在品牌传播过程中，传播渠道与策略运用不当，品牌理念和信息不能被有效传达给消费者，推广战略、传播方式单一限制了本土化妆品品牌的传播。

（4）品牌经营和管理能力差。

本土化妆品企业，要么品牌观念不强，要么品牌管理策略不系统，而这两者无论哪一方面，都会影响本土化妆品的品牌形象。消费者越来越重视消费体验，这就要求化妆品品牌要优化自身服务，然而一些本土化妆品品牌并未从消费者角度出发加强员工素质的培训，这势必影响品牌形象。

（5）消费者对本土化妆品缺乏信任，消费观念有待扭转。

一方面，长久以来，我国消费者有在品牌偏好上优选国外品牌、对本土品牌信任度不高的特征。另一方面，本土化妆品品牌在产品质量与功效方面，确实与国外优秀品牌存在差距，因此多数消费者在选择化妆品时或怀疑、或犹豫，并未真正认可本土化妆品品牌，消费者对本土化妆品品牌的忠诚度不高。因而，对于消费者品牌自信的构筑，本土化妆品品牌要重点投入。

由以上本土化妆品品牌的发展现状和存在的种种问题可知，本土化妆品品牌塑造势在必行。

在我国化妆品市场竞争激烈的今天，要从不断细分的市场和趋于同质的产品中寻找突破口，需要在传统定位理论的基础上，转向对消费者心理的深度挖掘。消费心理是消费者研究中极具挑战性的课题之一，它看似神秘莫测，却并非无迹可寻。以消费心理的差异进行品牌再定位，被视作传统品牌定位的有效出路。在化妆品消费中，女性是决定整个市场走向的主要力量。与男性消费者相比，女性消费者的内心活动更加丰富，也更加难以把握。女性消费者花高价购买化妆品，绝不仅仅是为了让自己看上去更年轻、更美丽。她们选择某一品牌或产品的理由从何而来，想从购买行为中获得什么，这其中体现出来的差别，便是品牌进行差异定位的关键。

况且，当前消费者的自主性和能动性越来越强，消费者对品牌的感知成为其判断化妆品优劣、是否选择购买的重要依据。认知度、美誉度和忠诚度是评价品牌的三大指标。良好的品牌形象有助于品牌获得消费者青睐。在用户体验和用户需求越来越重要的今天，重视消费者感知，对品牌进行优化塑造成为必然。研究消费者对品牌的感知，了解消费者对品牌的评价和建议，对本土化妆品品牌的塑造有重要的意义。

当然，本土化妆品品牌塑造并不是说所有的本土化妆品品牌都做得非常差，需要完全改变原有的发展轨迹去重新塑造一个品牌，这里说的品牌塑造是指在原有的发展基础上不断改进和完善。

第二章　化妆品品牌个性

进入营销4.0时代，品牌更多地面对的是人文精神消费者，人文精神消费者更注重品牌体验、品牌文化和品牌价值观念。品牌人格化理论认为，品牌也是人，因此品牌也具有个性，这是人们识别品牌的重要依据。消费者选择某一种商品，越来越多地取决于其精神感受。价值观念的多元化，是品牌个性存在的基础，消费者更喜欢个性独特的品牌。那些没有特质而试图争取所有人的产品，实际上并没有吸引力，这就是绝大多数产品至今仍"默默无闻"的真正原因。而成功的品牌一般是具有鲜明个性的。

一家企业的文化和价值观在表面看来，似乎与品牌个性没太大关系，其实不然：一个化妆品品牌的产品、核心价值、服务设计都是企业管理理念的缩影，一个不讲企业文化的企业不可能基业长青。一个人的价值观、道德观将直接影响其为人态度、行为、语言，甚至会影响这个人的发展。同样，唯利是图的企业不可能塑造出一个具有高度美誉度和忠诚度的品牌。

品牌诉求、广告语、宣传文章是企业通过各种媒体对外宣传自己品牌的"语言"，因此，"语言"的风格就非常重要，就跟人们说话一样，有的人含蓄，有的人直爽，还有的人幽默或者深沉，每一种方式都是其个性的体现。

产品的包装、色彩的选择、企业标识、卡通形象、广告形象代言人都反映出一个品牌的个性。比如力士洗发水的品牌定位是高档与高雅，具有高贵的气质，因此它的广告代言人都是明星，比如张曼玉、章子怡，而且这些明星的气质和形象与它的品牌定位相吻合。

品牌的营销行为也能反映出它的独特个性。例如促销策略、服务方式、推广方式、渠道策略、内部管理都能反映出一个品牌的个性。因此，品牌个性的塑造是全方位的，而不局限于产品本身和销售行为。

市场经济的本质是竞争，而个性恰恰表明了一种竞争导向。在大数据时代，秉持个性具有特殊的价值，因为具有个性的东西才有可能被人记住，才能引发共鸣和崇拜，建立彼此之间的长久关系。鉴于此，本土化妆品品牌应该转变观念，改变思维方式，借鉴成功企业的经验方法，分析消费者的个性，塑造产品的个性，使其与消费者的心理相吻合，让消费者主动购买企业的产品，从而增强产品的竞争力，增强企业的竞争力。

一、品牌 12 原型理论与品牌原型塑造

1. 品牌 12 原型理论

神话之所以流传并且不断给人们以启迪，是因为它们反映了人类探寻生存意义的道理。

品牌学利用 12 原型理论塑造品牌个性。"原型"理论的鼻祖是英国人类学家爱德华·伯内特·泰勒。泰勒在 1871 年出版的《原始文化》一书中，提出艺术起源于"巫术"的理论主张。他认为，原始人与现代人的思维方式有很大不同，原始人认为周围世界异常陌生和神秘，令人敬畏。原始人最主要的思维特点是认为万物有灵，即认为山川草木、鸟兽虫鱼都是有灵的，并且都可以与人交感。

瑞士著名心理学家卡尔·古斯塔夫·荣格的人格结构理论将人格（人的精神世界、心灵）分为三个层次：意识、个人无意识和集体无意识。意识居于人格结构中的表层，完全是对外部世界的知觉和定位的产物，与此同时，它又是从无意识系统中呈现出来的，人类天性的最重要的功能是无意识，而意识不过是它的产物。荣格认为，个人无意识主要是由各种情结构成的，情结是意识无法控制的心理内容，是一些人们不愿记起、更不愿被他人提起的，可是常常很不受欢迎地来临的东西。

集体无意识的主要内容就是"原型"。所谓原型是"一种不可计数的千百年来人类祖先经验的积淀物，一种每一世纪仅增加极小极小变化和差异的史前社会生活的回声"，即是人类祖先通过漫长的社会生产实践活动，保留在人类精神中的"种族记忆"或"原始意象"。

原型能够引发消费者深层的情感，原型的价值是将一个品牌在消费者心目中"活起来"。品牌只要将意义和产品连接在一起，就已经进入了原型的世界。

品牌原型理论是由美国学者玛格丽特·马克和卡罗·皮尔森最早提出的。品牌原型理论认为，有生命力的品牌是具有人格原型的。马克和皮尔森经过研究，将品牌原型分为 4 大类共 12 种，即立下秩序（创造者、照顾者和统治

者)、没有人是孤独的(弄臣、凡夫俗子和情人)、刻下存在的痕迹(英雄、亡命之徒和魔法师)、向往天堂(天真者、探险家和智者),如表2-1所示。

表2-1　　　　　　　　　品牌12原型

原型种类	解　释	分　析
创造者	创造新的东西	他们拒绝常规,探索自己的独特能力。他们不谈融入,重视自我表达。他们喜欢创造、发明,他们在改变世界的同时,也在塑造自我
照顾者	照顾他人	他们是利他主义者,受到热情、慷慨和助人欲望的推动。他们认为,好的照顾关系代表同理心、沟通和倾听、始终如一以及信任
统治者	发挥控制力	他们喜欢的是控制权,乐意承担领导责任。他们想要功成名就、位高权重。他们不仅喜欢控制自己的生活,也喜欢控制别人,甚至是整个世界
弄臣	快乐地活在当下	他们能够在真正做自己的同时,受到他人的接纳和爱慕。他们讨厌一本正经、古板,喜欢尽情欢笑、享乐。他们幽默,懂得自嘲。他们往往是人群中最受欢迎的人
凡夫俗子	自在地做自己	他们希望融入群体。他们平实,讨厌机巧、虚浮以及装腔作势的人。他们是平凡人,是路人甲,是隔壁的那个人,是好公民,是上班族,也是你我
情人	寻找爱并爱人	他们代表着美丽和性感。他们是热情的、迷人的,不仅对人,对工作、理想或产品也是如此
英雄	做出勇敢的行为	他们总是靠勇敢坚定的行动来证明自己的价值。他们希望世界更美好,爱打抱不平。他们有严格的标准、坚毅的精神和强大的能力,因而其他人总是受到他们鼓舞

9

原型种类	解　释	分　析
亡命之徒	打破规划	他们往往是社会上被压抑情绪的人，事实上他们个性浪漫，他们想破旧立新，想撼动人心、鼓动革命。不过喜欢亡命之徒的往往是尽忠职守的好公民
魔法师	蜕变	他们渴望发掘事物、动作的基本规律，并以此实现心中想法。他们往往能造就"神奇时刻"，有某种直觉和超能力
天真者	维持或重塑信仰	他们有着对纯洁、善良与朴实的渴求。他们向往简单、美好、自然、健康、确定性和可预期性
探险家	保持独立	他们深切地渴望在外在世界中找到与他们的内在需求、偏好和期待相呼应的东西。他们喜欢运动、音乐，喜欢去尝试新事物，但又是自由主义者
智者	了解周遭世界	有一种因为迷惑、怀疑而想发现真理的深切渴望。他们喜欢学习和思考，重视自由和独立，相信凭借智慧可以掌握生活，所以，他们不喜欢被控制

2. 品牌原型塑造

原型是一切心理反应的普遍形式。这些反应形式普遍地见于神话、宗教、艺术、哲学、科学乃至人类的一切文化创造领域。正因为如此，原型具备无限共时性和恒久历时性。既然如此，用原型去分析品牌的形象也就理所当然。

本土化妆品品牌应该如何塑造和管理品牌原型呢？

（1）本土化妆品品牌原型开发的原则。

本土化妆品品牌原型开发，要遵循求同存异原则。本土化妆品品牌既要通过求同战略，获取并提高本土化妆品品牌在化妆品市场中的合理性，以适应具有不同文化环境特征的国际市场，又要立足本身的独特民族性资源，挖掘具备全球意义的品牌原型，以构建存异的竞争优势。我国优秀传统文化原型是品牌原型价值属性提炼的基础，挖掘我国文化原型的现代建构方式，识别我国文化原型与全球共识文化的异同，并通过这个原型使得本土化妆品品牌形象具象化和固定化，激活其外在显性象征，实现与全球消费者的深层沟通。

（2）本土化妆品品牌原型的选择。

本土化妆品品牌原型的选择应该结合本土化妆品行业环境、企业自身和消费者三方进行。首先，从本土化妆品行业环境的角度来看，本土化妆品企业在选择品牌原型时需考虑避免与国外品牌之间的同质性，以建立本土化妆品品牌的差异性。其次，从企业的角度来看，本土化妆品企业需要综合考虑企业的价值观、愿景和使命，因为本土化妆品品牌并不是孤立存在的，其作为企业的一部分，是实现企业的价值观、愿景和使命的手段，因此在选择品牌原型时必须予以适当的考虑。最后，从目标消费者的角度来看，本土化妆品品牌原型必须能够唤醒目标消费者内心原始的欲望和动机，这样才能唤起他们对本土化妆品品牌原型的认同与好感，所以企业必须对本土化妆品的消费者心理进行深刻的洞察和挖掘，然后根据本土化妆品目标消费者的深层欲望和动机来选择相匹配的原型，只有这样才能选择出最能打动目标消费者的原型。

（3）本土化妆品品牌原型化。

在确定原型后，接下来就是进行品牌原型化，即对本土化妆品品牌原型进行实践的过程。通过各种营销手段将无意识的原型本质转变成消费者可以认识到的本土化妆品品牌标识。第一，挖掘品牌原型的核心本质，并与目标消费者的原始欲望和动机进行匹配，选择契合点，形成品牌的核心价值诉求并进行传播。第二，把品牌原型的核心本质转化成品牌的具体标识，如品牌符号化、品牌拟人化和品牌叙事化，这些手段可以交叉使用。在转化时，要特别注意仔细研究本土化妆品消费者对各种品牌个性和形象的态度，以选择最恰当的品牌标识。第三，对品牌标识进行验证，检验品牌标识是否能引起本土化妆品消费者对背后原型意义的正确认知。接下来品牌便可以通过各种营销手段向消费者传达这些品牌标识，进而在消费者心中强化品牌原型的意义。如果目标消费者不能正确理解背后原型的意义，则要重新审视品牌原型的开发过程，找到问题，并予以解决。

二、品牌个性的含义与塑造案例

1. 品牌个性的含义

品牌个性的提出来源于营销界的实践，学术上对品牌个性的研究始于20世纪80年代。美国学者戴维·阿克在其中做了卓越贡献，后人在其研究成果的基础上进行了深入研究，包括品牌个性的概念界定、维度量表的开发以及实证研究的开展。

和人一样，品牌也具有自己独特的性格特征。早在学术界接受和研究品牌个性之前，广告界便已率先提出这个概念。实践者们发现，为品牌赋予一定的人格特征，有利于在品牌中注入情感因素，从而赋予品牌更为丰富的内涵而形成品牌差异。1955年，"广告怪杰"大卫·奥格威在一次演说中首次确切地提到"品牌个性"（Brand Personality）一词。他指出，每一个广告都是对品牌个性的长期贡献；而美国精信广告公司则通过对品牌定位理论的重新思考，最早提出有关品牌个性的专门理论——品牌性格哲学（Brand Character Philosophy）。

广告界和营销界对品牌个性的热衷使得学术界对这一概念的关注与讨论也日渐增多。很多品牌学者都对品牌个性做出了定义。如约瑟夫（1982）认为品牌个性是品牌所具有的个性特征，可以用一些形容个性的词来描述，如友善的、摩登的、传统的、年轻的。凯勒（1993）认为品牌个性是将品牌与人类特质联想在一起的组合，相对于产品的其他属性，品牌个性更倾向于象征或自我表现的功能。珍妮弗·阿克尔（1997）将品牌个性定义为与某一品牌相关联的一组人类性格特征。从现有研究来看，阿克尔的定义被多数学者认可和接受。

2. 化妆品品牌个性塑造案例

（1）迪奥。

克里斯汀·迪奥（Christian Dior，简称迪奥），一直是炫丽的高级化妆品、高档香水和女装的代名词。Dior，在法语中是"上帝"与"金子"的组合，是无懈可击的时尚缔造者，是万众瞩目的香氛品牌，是高贵、典雅的象征。这个由同名时装设计大师创造、鲜明代表法国高贵典雅生活风格的品牌，半个多世纪以来，在时装、香水、彩妆和护肤品领域，一直致力于全方位聆听女性心声，演绎了现代女性的梦想——性感、自信、时尚，充满激情与活力！

它继承法国的时尚传统，始终保持高品位的设计路线，迎合上流社会成熟女性的审美品位，象征着法国时尚文化的精神。

创始人克里斯汀·迪奥于1946年在巴黎创立迪奥，经营皮草、头巾、针织衫、内衣、化妆品、珠宝及鞋等。

创始人迪奥曾经说过，香水是一扇通往全新世界的大门，所以我选择制造香水。哪怕你仅在香水瓶旁边逗留一会儿，你也能感受到我的设计魅力。我所打扮的每一位女性都散发出诱人的雅性。香水是女性个性不可或缺的补充，它和时装一起使得女性风情万种。

迪奥还是第一个以注册商标确立"品牌"概念，把法国高级化妆品和服装从传统家庭式作业引向现代企业化操作的设计师。他以品牌为旗帜，以法国式的高雅品位为准则，坚持华贵、优质的品牌路线，运作着一个庞大的时尚王国。

（2）碧欧泉。

碧欧泉（BIOTHERM）起源于欧洲自然保护区——比利牛斯山。传说，古罗马战士的"愈颜之泉"便蕴藏在这个神奇的山脉中。古往今来，众多女性踏上去往比利牛斯山的旅程，以寻求永葆青春的良方。

直到20世纪40年代，驻扎在温泉浴场的琼斯朱力昂博士才真正发现了温泉的奥秘，原来这里的泉水表面会形成一种奇妙的物质。1952年，在进行了大量的研究后，琼斯朱力昂博士终于提炼出了"愈颜之泉"背后的秘密——独特卓有成效的活源精粹因子，并首次将其添加到护肤品配方中，碧欧泉由此诞生。半个多世纪以来，碧欧泉在欧洲乃至全球得到了迅速发展，已经成为欧洲大护肤品品牌之一。

20世纪90年代中期，碧欧泉率先在亚洲的韩国、新加坡等地上市，深受当地年轻女性的喜爱，获得了巨大成功。

（3）兰蔻。

兰蔻（LANCÔME）的LOGO（商标）是一枝玫瑰花，粉粉的，嫩嫩的，绯瓣含羞，柔媚万千，宛若为女人而生。

事实上，兰蔻就是为普天下的爱美女人而生的美妆王国。这个发音优雅的品牌名称构想来自法国中部的一座城堡LANCOSME。1935年，兰蔻的创办人阿曼达·珀蒂让看到这座美丽的城堡四周种满了玫瑰，充满浪漫意境，而阿曼达本人认为，每个女人就像玫瑰一样娇艳摇曳，但细细品味，又各有姿态与特色，于是以城堡名为品牌命名，玫瑰也就成了兰蔻的品牌标志。

1964 年归入欧莱雅旗下后，兰蔻更是飞速发展，发展至今，已成为引导潮流的全方位化妆品品牌。在法国，它拥有设备完善与现代化的实验室，1400 多名研究人员每年研发出先进的技术和产品，迎合爱美女性的实际需求。兰蔻曾经将科技工业界的先进输送系统，如微脂囊和毫微胶囊分子率先运用在化妆品生产当中，创造出如再生青春美容液等畅销的化妆品，而精华肌底液、多元全美乳液等多款产品，更是消费者一用便爱上的产品。

兰蔻在保养品领域的领先地位毋庸置疑。近年来，应全球彩妆的流行趋势，兰蔻的彩妆形象也开始有所改变，除了维持一贯的端庄优雅风格外，它还延揽了目前在法国时尚圈如日中天的彩妆大师弗瑞德·法路佳担任彩妆创意总监。时髦前卫的彩妆创意，为兰蔻彩妆注入了全新活力，令人目眩神驰。

这个以香水启幕的美妆王国的香水的势力当然不容小觑。80 多年来，兰蔻推出了多款举世闻名的香水——早期作品中较为成功的是 1950 年推出的黑色魔法，几十年过去了它依旧畅销不衰。

（4）娇韵诗。

娇韵诗（CLARINS）是来自法国的著名品牌。娇韵诗的产品销往欧洲各国及美国、日本等国家。这些国家有着严格的市场监管机制，产品须经严格的检测，保证是安全的，才可销售，其检测的公信力是可以信赖的，所以，娇韵诗产品的安全性，获得了人们的普遍信赖。

娇韵诗以生产丰胸、纤体等功能性化妆品著称，是功能性化妆品领域的领导品牌。其因产品的有效性，奠定了其在世界化妆品行业的显著地位，获得了全球用户的一致赞誉。

（5）资生堂。

日本著名化妆品品牌资生堂之名取自《易经》中的"至哉坤元，万物资生"，这句话的意思为"赞美大地的美德，她哺育了新的生命，创造了新的价值"。这一名称表达了资生堂品牌的内涵。资生堂是将东方的美学意识与西方的技术及商业实践相结合的先锋，它将先进技术与传统理念相结合，用西方文化诠释含蓄的东方文化。

资生堂以药房起家，最初并非化妆品公司。1872 年，曾留学海外攻读药剂学，并曾为日本海军药剂部主管的福原有信，在东京银座开设了自己的药房，取名资生堂，这亦是全日本的第一家西式药房。除了卖药，福原有信也自己制药。及至 1888 年，他成功研制了全日本的第一管牙膏，牙膏迅即取代了当时流行的洁牙粉，亦令资生堂成为日本人人熟悉的名字。牙膏这一概念源自西方，而牙膏瓶上也印有日文和英文，这预示着一个结合了东西方文化的故事即将诞生。

1897 年，资生堂创制出了红色蜜露。这是一瓶突破性的美颜护肤化妆水，为资生堂开启了踏入化妆品界的第一步。

1923 年，资生堂开展连锁经营模式，加强做全国性的宣传，形象亦同时变得更加鲜明。1957 年，资生堂开始开发国外市场，打头炮的是 1965 年推出的 Zen（禅）香水。1978 年推出了 Moisture Mist（保湿喷雾）化妆品系列，包装构思源自日本红漆器。其间，资生堂另外推出的各类化妆品，却彻底地国际化了，选用了充满西方味道的包装。

（6）佳丽宝。

佳丽宝（Kanebo）是来自日本东京的十分有名的化妆品品牌。佳丽宝品牌创立至今已有百余年，涉足化妆品行业也有 80 多年了，在世界化妆品行业内享有盛誉。1936 年，佳丽宝就已经开始从事化妆品事业了。从那时起，佳丽宝就希望能以坚实的技术力量、优良的品质和细致周到的服务，实现"佳丽宝美丽你人生（Kanebo for a beautiful life）"的愿望。在技术水平节节攀升的化妆品界，佳丽宝有"技术的佳丽宝"之美誉。

佳丽宝擅长创新，拥有多项世界领先的技术。风靡亚洲的美白产品正是源于佳丽宝率先提出的"美白"概念。技术之外，佳丽宝更以"高质量""高品位"著称。一直以来，佳丽宝都以优雅、精致为品牌象征。佳丽宝来到我国后，为我国女性带来了优质高雅的美容护肤品。除了印象之美、芙丽芳丝等系列产品外，日本佳丽宝化妆品研究所专门为我国女性定制了雅呵雅系列。雅呵雅的彩妆系列，自上市以来一直以优良的品质、时尚的色彩得到众多女性的赞赏与青睐。

（7）欧莱雅。

欧莱雅的创办人为年轻药剂师欧仁·舒莱尔。1907 年，他在巴黎实验室研制出法国第一支无毒染发剂，并于 1909 年创业，开设法国无害染发剂公司，即欧莱雅集团的前身。创业之始，舒莱尔就聘请营业员到发廊向发型师推荐产品。第一次世界大战后，公司日渐稳步发展，1920 年公司业务扩展至海外。

1939 年 4 月 4 日，公司改名为欧莱雅，舒莱尔推出洗发水及沐浴露，扩大了产品范围。第二次世界大战后，欧莱雅对研究工作更是未曾松懈，崭新的染发产品、洗发用品不断面世，奠定了其美发专家的地位。

欧莱雅以染发产品打下江山，其美发产品，分专业发廊 Salon 及消费者 Consumer 两类。Salon 方面，有 Kerastase（卡诗）、Redken（列德肯）等，Consumer 方面，欧莱雅推出的 Elseve（奇焕润发精油蔷薇臻耀）全线洗发系列、多效修护系列及美发定型系列，能满足消费者护发及定型的需要，另外，其 Excellence 及 Feria 染发系列更是染发 DIY（自己动手做）的代表者。

除了美发产品，欧莱雅的护肤系列及化妆系列，是女士们的大众之选，如 Hydrafresh 清润天才冰沁霜是年青女士喜爱的保湿面霜。欧莱雅积极推出色彩时尚而使用简便的产品，并以自助选购的形式销售。

（8）雅顿。

伊丽莎白·雅顿（Elizabeth Arden）被人们称作众香之巢——"美是自然和科学的结晶"。伊丽莎白·雅顿的创始人弗洛伦丝·南丁格尔·格雷厄姆，1910 年在美国第五大道开设了自己的美容院，从此开始了她辉煌的职业生涯。由于特色和效果，她的美容沙龙出名了，人们记住了那粉红色的室内设计风格和明亮的红色大门。在很短的时间里，她推出了比别家公司多得多的化妆品配方。1932 年，她推出了第一个系列的各色口红，那时在全球她已经拥有 29 家专卖店。她开始以雅顿小姐闻名。她追求完美，对细节的要求很高。她在 1966 年以 88 岁的高龄逝世。

伊丽莎白·雅顿刚开始销售的是别人生产的香水，第一款自己配制的香水大约在 1922 年出品，都是单一花香型，有雅顿玫瑰型、意大利丁香型等。1936 年，她推出了相当受欢迎的"青青芳草（Blue Grass）"，这款香水的名字使人想到她在弗吉尼亚的养着马匹的故居。20 世纪三四十年代的香水中，值得注意的有两款：一款是"仙客来（Cyclamen）"，扇形的瓶子附加可以拆下的珠宝别针；另一款是"就是你（It's you）"，瓶身用水晶制的手托住。

20 世纪 70 年代，雅顿公司和法国巴黎的克劳依高级成衣公司联系密切，并且由其常任设计师卡尔·拉格菲尔德设计推出了 Chloe 和 KL 两款香水；同时又与意大利的芬迪姐妹公司联姻，推动了芬迪香水的问世。1987 年，雅顿公司被自己人费伯瓦买下，两年以后并入了联合利华公司。现在该公司拥有两个生产香水的子公司：伊丽莎白·雅顿公司，从事原来的业务；国际香氛公司，从事新出品的香水业务。除了"青青芳草"以外，伊丽莎白·雅顿自己的香水系列还有很多。例如，"红门（Red Door）"，这是一款融合多种性感香味的组合型香水，香水瓶的盖子采用明亮的标志性红色，在推出的时候用了名模琳达·伊万格丽斯塔做形象代言人。又如，"太阳花（Sunflowers）"，这是一款获奖香水，被宣传为"生命的庆典"，是为年轻女孩子们在夏天准备的。再如，获奖香水"第五大道（5th Avenue）"，香味浓郁，具有优雅而又时尚的气质，瓶身被设计成纽约的摩天大楼的样式，一直是畅销的香水。

（9）倩碧。

倩碧（CLINIQUE）的法语原义指诊所，由此可见该品牌与医学的渊源。20世纪60年代末的化妆界只强调浪漫感和神秘感，完全忽视医学研究成果。1967年，美国著名杂志 VOGUE（《时尚》）的主编卡罗·费里普斯撰文《完美的肌肤可以创造吗?》，表示女性应正视她们的肌肤，其资料由纽约著名的皮肤学专家提供。文章提出非一般的护肤理论，即通过适当护肤，可改善肤质。理论一出，震撼人心，也引起雅诗兰黛家族的注意。不久，雅诗兰黛家族便聘用卡罗·费里普斯创办倩碧化妆品公司，并于1968年在纽约推出。公司研发人员在皮肤学专家的指导下，通过过敏性测试，成功研制了第一个百分之百不含香料的护肤品牌，自此倩碧正式创立。

倩碧以其清新的形象和医学研究的背景，与其他品牌形成了鲜明的对比，轻易地脱颖而出。倩碧首先推出的护肤三步骤产品，包括洗面皂、洁肤水和特效润肤露获得空前成功，成了全球女士们的宠儿。所有的倩碧产品不含任何可能导致过敏的香料，每款产品均经过严格的临床试验，由此得到了女士们的信赖。倩碧也是首个提倡个人咨询服务的化妆品公司。在掌握专业知识的美容顾问的个别指导下，顾客可免费使用倩碧皮肤分析器进行个人皮肤分析，然后学习护肤三步骤的重要性，美容顾问也根据分析结果向顾客推荐相应的产品。

其后，倩碧不断开发新产品和新市场。1970年，倩碧成为很早生产防晒护肤品的公司之一。1983年，特效润肤露成为倩碧最畅销的产品。1989年，倩碧的彩妆产品是美国百货公司中销量第一的产品。1991年，宇航员使用倩碧的产品。同年，倩碧推出了第一个采用非化学防晒成分的防晒品。1994年，倩碧首次在专柜推出趣味性的电脑互动化妆指导服务，加强了和顾客的沟通。1996年，倩碧建立了自己的网站，提供最新信息和咨询服务。1998年，倩碧香水于美国 FiFi Awards 香水奥斯卡中获最佳女士香水大奖。

（10）SK-Ⅱ。

SK-Ⅱ诞生于日本，是日本皮肤专家将尖端生物科技运用到护肤品开发中的完美结晶，是目前在东亚以及东南亚等地区深受欢迎的护肤品牌。它切合亚洲女性的肌肤特质，吸引了大量忠实的使用者。SK-Ⅱ以简约优雅的风格、高贵的气质和一流的品质而闻名。

自 1980 年推出第一款护肤用品至今，SK－Ⅱ已经成为将尖端生物科技运用到护肤品中的先驱，推出了诸多具突破性的产品，如护肤面膜、护肤精华、柔肤酸再生素、美白精华等。SK－Ⅱ产品的主要成分 Pitera 活细胞酵母精华是日本皮肤专家精心钻研的成果。SK－Ⅱ的 Pitera 是研发人员根据微生物学理论，利用精心挑选的特殊酵母发酵后提炼出来的珍贵成分。它内含健康皮肤不可或缺的氨基酸、矿物质、有机酸等成分。Pitera 将养分输送至皮肤深层组织，滋养、修护肌肤细胞，使肌肤细致有弹性，焕发出动人的光彩，令肌肤看起来晶莹剔透。

SK－Ⅱ的产品以其卓越的品质及显著的功效闻名，同时，SK－Ⅱ的服务摒弃了主观的人为推销，代之以更精确、更科学的个人肌肤检测，为消费者提供可靠的参考数值和皮肤保养建议。精密科学的电脑分析检测、美容顾问专业体贴的咨询服务，让消费者全面感受到 SK－Ⅱ 在肌肤保养专业上的努力和付出。在 SK－Ⅱ的使用者心目中，SK－Ⅱ就是"肌肤保养专家"。SK－Ⅱ的销量在高档化妆品品牌中名列前茅。

（11）悦诗风吟。

悦诗风吟（Innisfree）是韩国第一化妆品集团爱茉莉太平洋集团旗下的自然主义品牌，名字来源于爱尔兰诗人叶芝的名作 *The Lake Isle of Innisfree*（《心灵小岛》），而品牌也跟"岛"有着不解之缘。品牌的诞生地便是韩国的纯净之岛——济州岛，产品中的精粹原料均来自那里。

它仅仅用普通的棕色环保纸来包装产品，灌装产品也使用可以再利用的硬塑料。它抱着纯净、自然的态度，向消费者传递健康的美丽。Innisfree 是韩国极早的自然主义品牌之一，创办以来常进行一些公益环保活动，如空瓶回收活动、校园绿色生活等。

（12）佰草集。

在与外资化妆品品牌的竞争中，杀出了一匹本土化妆品品牌的黑马——佰草集（HERBORIST）。佰草集是上海家化于 1998 年推向市场的一个具有全新概念的品牌，是我国具有完整意义的现代中草药中高档个人护理品。它以中草药添加剂为特色，秉承我国美容经典的精髓，糅合了中草药精华与现代生物科技的最新成果。在产品开发中，它科学地运用了中医平衡理论和整体观念，并以高科技手段萃取天然草本精华，一步步执着地实践着我国传统文化中对"自然、平衡"美的追求。

2005 年 1 月，佰草集专卖店突破 100 家，同年 4 月，佰草集进入国际知名化妆品连锁专卖店丝芙兰，进军国际市场。在《时尚·COSMOPOLITAN》2005 年度美容评选中，佰草集美白嫩肤面膜荣获专家评委团特别推荐奖。2007 年，佰草集中草药研究所成立，以尖端科技发扬千年古方，使中草药美容护肤文化得到全新风尚继承。2008 年，佰草集正式进入法国巴黎市场，掀起一股中国本草风。2009 年，品牌提出严谨的理论体系：以中医理论辨肌肤问题之症，以现代科技焕活传世古方，以内在调养之法达到养护肌肤之效，开启本草养美的全新风尚。

经过十多年的发展，佰草集成为本土化妆品高端品牌，成为能够与欧莱雅、宝洁、联合利华等高端品牌相抗衡的本土化妆品品牌。

纵观上述化妆品品牌，几乎每个品牌都有鲜明的品牌个性与文化内涵，各大品牌通过各种品牌故事，向消费者传达出品牌的情感利益，即品牌对消费者精神层面的愉悦与满足。

品牌个性，如同人的个性一样，既是独特的又是持久的。那么，一个品牌的个性由何而来呢？人的个性会受到与之相关的几乎所有事物的影响——包括他的邻居、朋友、活动、服装以及互动的方式——品牌个性也是如此。著名品牌管理大师戴维·阿克在其著作《创建强势品牌》中讨论品牌个性时，归纳了品牌个性的驱动因素，将其分为与产品相联系的特征和与产品没有直接联系的特征，如表 2-2 所示。他认为，与产品相联系的特征是形成品牌个性的基础推动力，直接影响品牌个性，这些特征包括产品种类、组件（性能）、价格和属性；与产品没有直接联系的特征同样也可以影响品牌个性的塑造，包括品牌标识、年龄（品牌历史）、产地，产品使用者的形象，公司形象、CEO（首席执行官）和代言人，品牌广告形式以及公关赞助活动等。

表 2-2 品牌个性的驱动因素①

与产品相联系的特征	与产品没有直接联系的特征
产品种类（银行）	使用者形象（李维斯 501 牛仔裤）
组件（捷威电脑）	赞助（斯沃琪）
价格（蒂芙尼）	标记（万宝路乡村）
属性（银子弹啤酒）	年龄（柯达）

① 阿克. 创建强势品牌［M］. 李兆丰，译. 北京：机械工业出版社，2012：112.

续表

与产品相联系的特征	与产品没有直接联系的特征
	广告方式（诱惑） 产地（奥迪） 公司形象（美体小铺） CEO（微软的比尔·盖茨） 名人代言（吉露）

三、品牌个性的维度研究

1. 品牌个性的"大五"维度

品牌个性的测量一直是营销理论和实践领域中的研究热点之一，而品牌个性的结构则是品牌个性测量的基础和前提。在维度概念被引入品牌个性研究之前，对品牌个性的测量一直处于比较混乱的无系统状态。20 世纪 90 年代，品牌研究学者开始从品牌个性与人类个性之间的关系入手，借鉴人格理论的研究成果发展品牌个性维度，分别基于人格理论中的性格类型论和性格特质论，发展出了两种不同的测量品牌个性的研究方法——演绎法和归纳法。

基于性格类型论的演绎法，将精神分析学派的理论（如弗洛伊德人格理论和阿德勒人格理论）运用于品牌个性维度研究之中。精神分析学派的理论特点是只使用一个或少数几个特质来概括描述一个人的性格特征，如内向或外向。这种研究思路很容易对品牌个性进行分类，但由于其理论来源的特性，实际上是从无意识的角度阐释品牌个性，比较抽象且缺乏实践操作性，因此一直以来，演绎法在品牌个性维度研究中不占主要地位。

而基于性格特质论和词汇法的归纳法，是随着统计技术的发展而在心理学中被广泛应用和发展起来的一种研究方法，著名的"大五"人格理论模型（见表 2-3）就属于该方法体系。特质论要求同时使用多个不同特质来形容一个人的性格特征，如演绎法将某人概括为一个内向的人，而归纳法可能把这个人描述成一个安静、深思、谨慎的人。特质论要求个性描述更加细致而具象，因而需要词汇法的辅助。词汇作为研究媒介，是文化的集中体现，对品牌个性的地域研究起着十分重要的作用。

表 2-3　　　　　"大五"人格理论模型的主要特征和次级特征

主要特征	次级特征
神经质	焦虑，愤怒，沮丧，自我，冲动，易受伤
外向性	热情，喜欢社交，果断，活跃，寻求刺激，积极乐观
开放性	爱幻想，艺术审美能力强，敏感，爱思考，富有创造性
和悦性	值得信任，直率，利他，顺从，谦虚，脆弱
谨慎性	能干，讲秩序，忠实尽职，追求成就，自律，深思熟虑

最早使用归纳法研究品牌个性维度、其研究成果也极具代表性的是美国学者珍妮弗·阿克尔。1997 年，她借鉴西方人格理论中的"大五"模型，从个性心理学维度出发，采用归纳法，依靠现代统计技术，以 37 个西方著名品牌和 114 个个性特质词汇为研究对象，通过对美国本土 631 个有效样本的测试，系统地发展了一套包含 5 个维度、15 个层面和 42 个品牌个性特征词汇的品牌个性维度量表（Brand Dimensions Scales，BDS），从而使得品牌个性的测量逐步走向系统化和科学化。5 个维度分别为真挚（Sincerity）、刺激（Excitement）、胜任（Competence）、精致（Sophistication）和强壮（Ruggedness），如表 2-4 所示。该量表具有广泛的适用性，对西方品牌个性差异的解释度高达 93%，是迄今为止关于品牌个性系统最为完整、最有影响力的兼具理论性与实用性的测量表，在西方营销理论研究和实践中得到了广泛的运用。众多研究验证了该模型具有相当稳定的因子结构，运用该模型产生的研究成果举不胜举。

表 2-4　　　　　　品牌个性的维度及其特性体现

品牌个性维度	特性体现
真挚	爱家的，诚实的，友善的，快乐的
刺激	勇敢的，精力充沛的，爱幻想的，时尚的
胜任	值得信赖的，负责的，可靠的，成功的
精致	迷人的，自命不凡的，有魅力的，浪漫的
强壮	结实的，强壮的，爱运动的，积极的

然而，随着研究的深入，人们对该量表也产生了一些质疑，具体体现在三方面。第一，阿克尔对品牌个性的宽泛定义使得一些严格意义上不属于个

性特征的描述词汇（如年龄、性格等）被包含了进来，这导致品牌个性量表的建构效度存在缺陷，使后续研究者对该量表所测量的究竟是感知到的品牌个性（企业角度）还是感知到的使用者性格（消费者角度）产生了疑惑。第二，阿克尔的量表存在不同品牌类别上的普适性，即说明在单一特定品牌或产品品类上缺乏具体解释性。这是因为在数据分析环节，她消除了所有品牌的内部差异，导致因子分析的结果主要基于品牌之间的差异。因而，得出的框架也就不适用于单个品牌或将消费者作为因素考虑在内的研究。第三，阿克尔本人及其他学者的后续研究显示出该量表在跨地域文化中不具备普适性。

针对阿克尔量表的不足，比利时学者 Maggie（玛吉）等人（2009）对品牌个性做出了严格定义，排除了功能属性、使用者形象等所有非个性特质的测试条目，并根据实践的需要尽可能精简测度范围以提高可操作性。他们通过对阿克尔品牌个性维度量表和"大五"人格模型中关于描述个性特质词汇条目的筛选以及两个焦点小组的头脑风暴，建立起含有 244 个词汇条目的条目池，接着通过 8 位市场营销学教授及 20 位营销研究者的审核，保留其中的 40 个条目，经由对 20 个著名品牌、1235 个有效样本的测试后，发展出包含负责（Responsibility）、活力（Activity）、激进（Aggressiveness）、简单（Simplicity）和感动（Emotionality）5 个因子的量表。后续经过对多品牌、单一品牌和跨文化的测试，该量表的因子结构被多次证实有着结构和时空上的稳定性。

2. 品牌个性的跨文化比较

为了探索品牌个性维度的文化差异性，阿克尔（2001）与日本和西班牙的学者合作，延用 1997 年美国品牌个性维度开发过程中使用的方法，对代表东方文化区及拉丁文化区的两个国家的品牌个性维度和结构进行了探索和检验，并对美国、日本、西班牙三种文化背景下的品牌个性维度进行比较研究。结果表明，不同文化背景下的品牌个性维度存在差异：美国品牌个性的独特维度是"强壮（Ruggedness）"，日本品牌个性的独特维度是"平和（Peacefulness）"，而西班牙的则是"热情（Passion）"。在阿克尔的研究基础上，韩国、澳大利亚以及德国等地的学者们也分别对各自文化背景下的品牌个性维度进行了探讨，发现了各自文化中品牌个性的不同维度。我国学者黄胜兵等人（2003）对我国文化背景下的品牌个性维度进行了研究，得出了由"仁""智""勇""乐""雅"5 个维度、66 个个性特质词汇构成的本土品牌个性维度量表，如表 2-5 所示，并将其与阿克尔的品牌个性维度量表进行比较，指出我国品牌个性的独特维度在于"乐"。

表 2 - 5　　　　　　　　黄胜兵的本土品牌个性维度量表①

个性维度	个性特质词汇
仁	平和的、环保的、和谐的、仁慈的、家庭的、温馨的、经济的、正直的、有义气的、忠诚的、务实的、勤奋的等共 28 个
智	专业的、权威的、可信赖的、专家的、领导者的、沉稳的、成熟的、负责任的、严谨的、创新的、有文化的等共 14 个
勇	勇敢的、威严的、果断的、动感的、奔放的、强壮的、新颖的、粗犷的共 8 个
乐	欢乐的、吉祥的、乐观的、自信的、积极的、酷的、时尚的等共 8 个
雅	高雅的、浪漫的、有品位的、体面的、气派的、有魅力的、美丽的等共 8 个

3. 品牌个性的品类研究

学者们的不懈努力使得品牌个性维度的研究不仅扩展到不同区域中和不同文化背景下，也延伸到不同行业和产品品类中。研究发现，不同行业和不同产品品类的品牌个性同样存在差异。

Siguaw（西格瓦）等人（1999）以 3 个类别的 9 个餐饮品牌为调查对象，对餐饮行业的品牌个性进行研究，结果表明，不同类别和不同品牌的餐厅品牌个性均不相同。餐厅侧重的市场策略、所供产品与服务的性质及总体运营情况是品牌个性差异的来源，因此，他们认为品牌个性能够有效区分餐饮品牌，同时也是成功管理品牌的基础。

Ekinci（埃金吉）等人（2006）提出旅游目的地品牌个性的概念。他们以英国居民为调查对象，运用阿克尔"大五"品牌个性维度量表对旅游目的地的品牌个性进行测量，研究结果显示，旅游目的地具有真诚、刺激和愉悦 3 个个性维度。

尹盛焕（2005）在我国消费者对韩国产品选择的研究中指出，品牌个性对不同产品类别的影响不同，其中，对电视品牌的影响最小，对中小型汽车品牌的影响最大。周国清、龚军辉（2008）研究了期刊品牌个性的塑造，认为我国期刊品牌需要树立"高度重视品牌认知、把握读者期望、打开情感内

① 黄胜兵，卢泰宏. 品牌个性维度的本土化研究 [J]. 南开管理评论，2003 (1)：4 - 9.

核、树立品牌个性"的特殊服务观，还应在广告宣传方面加大投入，提炼简约精致的个性口号。谢芳（2012）对我国市场3G（第三代移动通信技术）手机的品牌个性进行研究，发现3G手机具有时尚靓丽、温馨浪漫、聪明活泼和称职可靠4个个性维度。

四、化妆品品牌个性的测量

品牌个性维度研究先驱阿克尔开创的量表开发方法几乎影响了该领域后来所有的研究者，已被广泛接受并被多次使用。但是，后继研究也表明，消费者对品牌个性的感知体现出文化背景及产品品类上的差异性，针对具体研究对象时，贸然使用经典量表无法有效解释特定环境下特定品类的品牌个性。因此，针对本研究的研究对象——化妆品品牌，有必要制定一套能够较为准确解释这一品类品牌个性的测量工具，探讨其品牌个性存在的维度及具体内容。

（一）化妆品品牌个性量表的开发方法与流程

为了研究化妆品品牌的个性维度，开发相应的测量工具，需要对阿克尔"大五"量表等经典品牌个性量表的开发方法、开发过程进行学习，借鉴其经验。

1. 开发方法

（1）归纳法。

阿克尔是将归纳法用于品牌个性维度研究的第一人，该方法来源于心理学，随着现代统计技术的发展而被广泛应用。归纳法基于性格特质论和词汇法，其基本要求是通过使用一定数量的特质词汇来形容研究对象（人或品牌）的性格特征。特质词汇需要有可考来源，并经过科学的筛选，这样才能探索这些特质之间存在的内部关系。

（2）问卷调查法。

由于采集到的特质词汇条目众多，无法也没有必要全部纳入测试问卷中，所以需要对这些词汇进行筛选，将其删减至可操作的测试范围内，再制成问卷，针对不同化妆品品牌进行测试。接着，采用探索性因子分析的方法对回收的样本数据进行分析，抽取共同因子，剔除不合理词汇变量，确定化妆品品牌个性的维度和内容。

2. 开发流程

化妆品品牌个性量表的开发流程如图 2－1 所示。

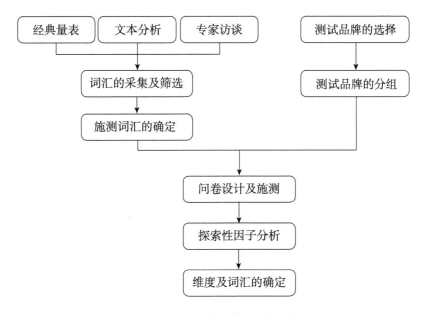

图 2－1　化妆品品牌个性量表的开发流程

（二）化妆品品牌个性量表的设计

1. 个性特质词汇的采集与筛选

本研究通过对以往品牌个性的相关文献资料、测量量表和实际案例的深入研究发现，在个性特质词汇的来源上，大多数研究者都基于已有量表中的词汇，添加针对具体研究对象的个性特征而采集到的特质词汇，构成初始词汇池。本研究的词汇来源有两个：一是国内外的三个经典品牌个性量表中的特质词汇，二是化妆品品牌官方网站上的文本。

此处所说的国内外的三个经典品牌个性量表指阿克尔"大五"量表（阿克尔，1997）、后续研究中较被认可的 Maggie 等人的"大五"量表修正版（Maggie，2009）以及黄胜兵等人开发的本土品牌个性量表（黄胜兵、卢泰宏，2003）。为了减少词汇在翻译过程中产生的语义偏差，本研究先将两个英文量表中的词汇合并，剔除重合条目后进行翻译，每个词汇取两个中文含义，共得到 126 个词汇，接着加入本土品牌个性量表的 45 个词汇和从 21 个知名化妆品品牌官方网站上"关于品牌"或"品牌故事"等文本中择取到的 38 个能够描述品牌个性特征的形容词，共获得 209 个词汇。剔除其中的重合项后建立起包含 177 个词汇条目的初始词汇池（含化妆品官方网站上的 38 个词汇）（词汇采集过程详见附录 1）。

将 177 个词汇全部纳入问卷施测显然缺乏可行性，因而需要在初始词汇池中进行筛选。参考国内外经典品牌个性量表的开发过程后，本研究确定了以下几个筛选标准：一是剔除不适宜描述人的性格特质的词汇，如"原创的""科技的"；二是剔除语义有明显褒贬倾向或语义含糊、容易产生歧义的词汇，如"做作的""普通的"；三是将语义相近的词汇合并，仅取其中一个，如在"勇敢的"和"无畏的"之间取"勇敢的"。依此标准，筛选出了 42 个个性特质词汇，如表 2-6 所示，并将其作为测试条目编入调查问卷。

表 2-6 化妆品品牌个性特质词汇

序号	中文	英文	序号	中文	英文
1	勇敢的	Bold	18	传奇的	Legendary
2	质朴的	Small - town	19	权威的	Technical
3	浪漫的	Romantic	20	勤奋的	Hard - working
4	娇柔的	Feminine	21	务实的	Down - to - earth
5	友善的	Friendly	22	含蓄的	Restrained
6	坚强的	Tough	23	时尚的	Trendy
7	活泼的	Lively	24	神秘的	Mysterious
8	细腻的	Smooth	25	优雅的	Elegant
9	奢侈的	Luxurious	26	独立的	Independent
10	理智的	Rational	27	古典的	Classical
11	真诚的	Sincere	28	好强的	Aggressive
12	自信的	Confident	29	有智慧的	Intelligent
13	稳重的	Stable	30	有魅力的	Glamorous
14	平凡的	Ordinary	31	有远见的	Visionary
15	正直的	Honest	32	有品位的	Good - taste
16	奔放的	Free	33	多愁善感的	Sentimental
17	单纯的	Simple	34	有领袖气质的	Charismatically

序号	中文	英文	序号	中文	英文
35	勇于创新的	Innovative	39	独一无二的	Unique
36	令人愉悦的	Cheerful	40	热爱冒险的	Adventurous
37	值得信赖的	Trustworthy	41	热爱生活的	Life - loving
38	始终如一的	Consistent	42	关爱自然的	Nature - caring

2. 测试品牌的选择与分组

为了判断这些词能否有效解释化妆品的品牌个性，需要针对具体的品牌进行测试。在选择测试品牌时，既要考虑所选品牌的全面性和代表性，也要将选取数量控制在可操作的范围内。目前，我国市场上存在的化妆品品牌难以计数，为了研究的方便，本研究按照品牌的来源地和品牌定位将化妆品品牌进行粗略分类，从不同来源地的不同档次中分别选取两个知名品牌（考虑到本土知名品牌较少，只选取1个），共计21个化妆品品牌作为品牌个性量表开发的测试品牌，如表2-7所示。

表2-7 参与测试的化妆品品牌

定位	来源地			
	美国	欧洲	日韩	中国
高	海蓝之谜 雅诗兰黛	兰蔻 迪奥	SK-Ⅱ 资生堂	佰草集
中	科颜氏 悦木之源	碧欧泉 欧舒丹	兰芝 佳丽宝	相宜本草
低	倩碧 玉兰油	欧莱雅 美体小铺	肌研 菲诗小铺	大宝

为了提高问卷测试的操作性，避免受访者由于测试品牌过多而产生厌烦情绪，需要控制一套问卷中出现的品牌个数。本研究分别从以上每个档次的品牌中随机抽取1个组成1组，将21个测试品牌分成7组，如表2-8所示。

表 2 – 8   参与测试的化妆品品牌分组结果

测试组 1	SK – II，兰芝，美体小铺
测试组 2	雅诗兰黛，欧舒丹，菲诗小铺
测试组 3	迪奥，相宜本草，欧莱雅
测试组 4	佰草集，碧欧泉，倩碧
测试组 5	兰蔻，科颜氏，肌研
测试组 6	海蓝之谜，佳丽宝，玉兰油
测试组 7	资生堂，悦木之源，大宝

3. 问卷的设计

经过特质词汇的采集与筛选以及测试品牌的选择与分组，最终得到 42 个品牌个性特质词汇和 21 个化妆品品牌（分为 7 组），制成 7 套《化妆品品牌个性维度量表开发问卷》。这 7 套问卷的要求一致，唯一的区别是测试的品牌不同，每套问卷各有 3 个化妆品品牌，采取李克特 5 点尺度测量个性特质词汇与每个品牌的符合度，具体问卷详见附录 2。

调查问卷的要求如下：如果将下列化妆品品牌分别想象成一个人，根据您的了解，这个人具有什么样的性格特征？在每个品牌对应的表格中已经给出了一系列可以用来描述品牌个性特征的词汇，您认为每个词汇符合该品牌的性格特征吗？请根据符合程度在合适的数字上打钩或画圈。

（三）数据的收集分析与维度及词汇的确定

测试的目的是构建化妆品品牌个性维度量表，需要采用因子分析的方法对调查数据进行分析，因而抽样调查的样本大小也要参考因子分析的一般原则。在社会及行为科学领域，学者之间对进行因子分析时应该选取多少测试样本才能使数据分析结果最可靠并没有统一的看法，但是多数学者赞同如要进行因子分析，样本量至少应为量表题项数的 5 倍，即一份包含 42 个测试变量的量表，样本至少需要 210（42 × 5）个，样本量与量表题项数的比例越大，测试结果越可靠。

本次调查目的的特殊性，要求抽样时需保证受访者对化妆品品牌有一定的了解，并能对品牌个性做出感知，因而本次调查采取目的抽样的非概率抽样方式，为期 1 个月，在北京、上海两地进行，每套问卷发出 50 份，并根据回收情况进行问卷的补充发放。剔除无效样本后，保证参与测试的 21 个品牌各有35个有效样本，共计735个有效样本。

1. 信度、效度检验

信度（Reliability）[1] 显示量表的内部一致性和稳定性，信度系数可作为同质性检验指标之一。在社会科学领域中，有关李克特量表的信度检验，采用最多的检验标准是Cronbach's Alpha（克隆巴赫系数）[2]。一份信度理想的量表，其克隆巴赫系数要在0.80以上，系数值越高，则量表的信度越高，表示量表越稳定。具体的判断原则如表2-9所示。

表2-9　　　　　　　　克隆巴赫系数指标判断原则[3]

Cronbach's Alpha 系数值	量表整体可信程度
α 系数值 < 0.50	非常不理想，舍弃不用
0.50 ≤ α 系数值 < 0.60	不理想，重新编制或修订
0.60 ≤ α 系数值 < 0.70	勉强接受，最好增列题项或修改语句
0.70 ≤ α 系数值 < 0.80	可以接受
0.80 ≤ α 系数值 < 0.90	佳（信度高）
α 系数值 ≥ 0.90	非常理想（甚佳，信度极高）

经SPSS11.5统计分析软件对问卷量表数据进行信度检验后，结果如表2-10所示。量表的Cronbach's Alpha系数值为0.9093，信度很高，量表内部一致性甚佳。

表2-10　　　　　　　　问卷量表的信度检验结果

Cronbach's Alpha 系数值	N of Cases（样本数）	N of Items［项目（题目）个数］
0.9093	735 份	42 个

效度（Validity）指测量工具能够正确测量被测对象特质的程度，一份高

---

① 信度：可界定为真实分数（True Score）的方差与观察分数（Observed Score）的方差的比例。信度显示测验或量表工具所测得结果的稳定性（Stability）及一致性（Consistency），量表的信度越高，则其测量误差越小。

② Cronbach's Alpha：属内部一致性信度系数的一种，常用于李克特式量表，此法由Cronbach（1951）创用，他以 α 系数来代表量表的内部一致性信度，α 系数值介于0和1之间，越接近1，代表量表的内部一致性越佳。

③ 吴明隆. 问卷统计分析实务：SPSS操作与应用［M］. 重庆：重庆大学出版社，2010：244.

效度的量表有其适用的特定群体及特殊的目的。通常，对量表效度的检验包括对内容效度（Content Validity）和建构效度（Construct Validity）的检验：内容效度指测试或量表内容或题目的适切性与代表性，即测试内容能否反映所要测量的心理特质，能否达到测量的目的或行为构念；而建构效度则指能够测量出理论的特质或概念的程度，亦即实际的测验分数能解释多少某一心理特质。

本研究的化妆品品牌个性维度量表在开发过程中严格遵循了经典量表的一般开发步骤，所有的测试变量均有可考来源，尽量做到翻译准确，在词汇筛选过程中征询专家意见，对纳入量表的每个个性特质词汇进行反复探讨，尽可能保证量表的内容效度；而对于量表是否存在建构效度，则根据社会科学领域的基本标准，通过因子分析的方法进行检验。

2. 因子分析与提取

本研究采用探索性因子分析的方法对所开发的化妆品品牌个性维度量表进行建构效度的检验，并通过公因子的抽取探索变量间隐含的结构关系，从而发现化妆品品牌个性存在的维度。在进行因子分析之前，首先需要检验量表是否可以进行因子分析，判断标准是量表的 KMO（Kaiser – Meyer – Olkin，取样适当性量数）值[①]及 Bartlett's 球体检验概率显著性值[②]。检验结果如表 2-11所示，量表的 KMO 值为 0.907，Bartlett's 球体检验的概率显著性值为 0.000，表示总体的相关矩阵之间有共同因素存在，可以进行因子分析。

表 2-11   KMO 及 Bartlett's 球体检验结果

KMO 值		0.907
Bartlett's 球体检验	Approx. Chi – square（卡方检验）	18493.983
	df.（自由度）	861
	Sig.（显著性）值	0.000

量表通过 KMO 和 Bartlett's 球体检验后，接下来正式对量表进行因子分析。将量表中42 个变量的样本数据录入 SPSS11.5 统计分析软件中，经主成分分析（Principal Component Analysis）提取公因子，保留特征值大于 1 的因

---

    ①   KMO 指标值介于 0 和 1 之间，越接近 1，表示变量间的共同因素越多，变量间的净相关系数越低，越适合进行因子分析。

    ②   Bartlett's 球体检验概率显著性值小于 0.05 的显著性水平时，适合进行因子分析。

子（Kaiser，1960），并对因子负荷量进行方差最大正交旋转，结果如表2-12所示。

表2-12 公因子方差统计结果

Component（成分）	Extraction Sums of Squared Loadings（未旋转的因子提取结果）			Rotation Sums of Squared Loadings（旋转后因子提取结果）		
	Total（总计）	Variance（方差,%）	Cumulative（累积,%）	Total（总计）	Variance（方差,%）	Cumulative（累积,%）
1	11.085	26.393	26.393	7.863	18.721	18.721
2	6.147	14.636	41.029	4.528	10.781	29.502
3	3.376	8.038	49.067	3.677	8.755	38.257
4	1.839	4.379	53.446	3.459	8.236	46.493
5	1.481	3.526	56.972	3.392	8.076	54.569
6	1.183	2.817	59.789	1.980	4.714	59.283
7	1.083	2.579	62.368	1.296	3.086	62.369

根据因子分析结果可知，抽取到的特征值大于1的公因子共7个，累积解释变异量达到62.369%，达到在社会科学领域中所提取的公因子的累积解释变异量在50%以上时因子分析的结果可以接受这一标准。

在变量数目较多的量表中，如果仅采用Kaiser的特征值大于1的方法，容易高估公因子数目。本研究问卷纳入因子分析的变量多达42个，因此，抽取到的7个公因子是否全部予以保留，需要做进一步的讨论。

在变量过多而可能导致高估公因子数目的情况下，陡坡图检验（Scree Plot Test）可以帮助研究者决定因子的个数。在陡坡图中，如果坡线由陡峭趋于平坦，则平坦状态之后的因子可以去掉。从图2-2中可以看到，第5个因子是一个转折点，从第6个因子开始，坡线基本平缓，因此，保留前5个因子比较合适，因子6和因子7似乎可以剔除。

更重要的是，前5个因子是合理的。因子的合理性有两个含义：一是每个公因子下至少聚合3个解释变量；二是这些解释变量的潜在特质相似，公因子可以被命名。由表2-13可以看到，若因子负荷量的选取标准定为大于0.400，则变量"优雅的""勇敢的""稳重的""单纯的""理智的""坚强的"分别与2个公因子有密切联系。而旋转的目的在于使每个公因子都能清

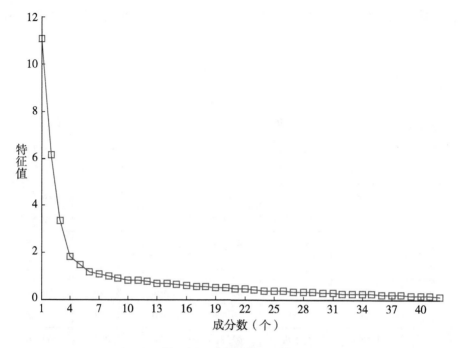

图 2 - 2　陡坡图检验结果

楚地被一组变量界定，使每个变量能够归属于 1 个明确的主因子。因而，本研究决定将选取标准提高至 0. 500，将这 6 个变量删除。

同时，从表 2 - 13 中可以看到，前 5 个公因子至少分别包含 4 个解释变量，而因子 6 和因子 7 的解释变量都小于 3 个，因包含的变量过少，公因子不具代表性，因而再次证明将因子 6 和因子 7 及它们所包含的解释变量剔除比较合适。

表 2 - 13　　　　　　　　　　正交旋转后的成分矩阵

变量	Component（成分）						
	1	2	3	4	5	6	7
传奇	0. 792	− 0. 020	0. 152	0. 044	0. 017	− 0. 022	0. 045
权威	0. 738	0. 064	0. 373	0. 044	0. 074	0. 010	− 0. 061
神秘	0. 730	− 0. 186	0. 061	0. 252	0. 003	− 0. 042	0. 168
奢侈的	0. 706	− 0. 320	0. 184	0. 228	− 0. 174	− 0. 009	− 0. 057
热爱冒险的	0. 685	0. 127	− 0. 012	− 0. 105	0. 289	0. 299	0. 124

续表

变量	Component（成分）						
	1	2	3	4	5	6	7
独一无二的	0.670	− 0.026	0.238	0.080	0.362	− 0.043	0.142
有魅力的	0.666	− 0.049	0.230	0.402	0.173	− 0.087	0.182
有远见的	0.645	0.128	0.232	− 0.016	0.298	0.042	0.038
有领袖气质的	0.631	− 0.012	0.417	− 0.024	0.037	0.061	− 0.123
有品位的	0.592	− 0.123	0.304	0.402	0.114	− 0.096	0.132
勇于创新的	0.574	0.086	0.162	0.026	0.334	0.307	− 0.103
时尚的	0.550	− 0.278	0.115	0.370	− 0.074	0.205	0.115
优雅的	0.500	− 0.252	0.219	0.448	− 0.060	− 0.189	0.203
勇敢的	0.466	0.132	0.304	− 0.080	− 0.056	0.440	− 0.099
稳重的	0.452	0.421	0.389	− 0.044	− 0.168	− 0.280	0.066
务实的	0.006	0.780	0.095	− 0.149	0.090	0.048	− 0.046
平凡的	− 0.331	0.640	− 0.237	− 0.147	0.049	0.132	0.307
质朴的	− 0.384	0.632	− 0.137	− 0.114	0.223	0.138	0.015
含蓄的	− 0.032	0.613	0.015	0.346	0.049	− 0.313	− 0.007
真诚的	− 0.015	0.592	0.385	0.109	0.329	0.019	− 0.008
正直的	0.100	0.590	0.029	− 0.216	0.273	0.051	0.083
勤奋的	0.171	0.589	0.250	− 0.201	0.224	0.114	− 0.067
友善的	− 0.234	0.547	0.154	0.214	0.302	0.148	− 0.138
单纯的	− 0.090	0.440	− 0.087	0.305	0.408	0.288	− 0.066
理智的	0.430	0.430	0.396	− 0.195	0.007	− 0.053	− 0.029
有智慧的	0.409	0.048	0.664	0.055	0.198	0.039	− 0.046
自信的	0.292	0.016	0.660	0.115	0.180	0.086	0.018
独立的	0.304	0.097	0.657	0.079	0.122	0.014	0.228
好强的	0.321	0.056	0.562	− 0.192	− 0.107	0.362	0.335
坚强的	0.285	0.324	0.425	− 0.351	− 0.065	0.211	0.119
娇柔的	0.165	− 0.043	− 0.152	0.743	0.017	0.050	0.017
浪漫的	0.335	− 0.176	− 0.060	0.656	0.081	0.055	0.228

续表

变量	Component（成分）						
	1	2	3	4	5	6	7
细腻的	0.288	0.033	0.160	0.633	0.254	−0.092	−0.226
多愁善感的	−0.080	−0.016	0.060	0.607	0.020	0.161	0.119
关爱自然的	−0.147	0.303	−0.154	0.050	0.693	0.121	0.001
热爱生活的	0.216	0.278	0.049	0.109	0.659	0.172	0.018
值得信赖的	0.290	0.218	0.289	−0.064	0.652	−0.201	0.010
令人愉悦的	0.210	0.114	0.271	0.349	0.647	0.150	0.017
始终如一的	0.312	0.222	0.369	−0.064	0.564	−0.196	0.179
活泼的	−0.109	0.203	0.114	0.245	0.222	0.730	−0.041
奔放的	0.447	−0.031	0.023	0.064	0.003	0.505	0.291
古典的	0.148	0.025	0.201	0.243	0.073	0.010	0.726

经探索性因子分析得到化妆品品牌个性量表包含 5 个公因子和 33 个解释变量。并且，目前较为成熟的品牌个性量表基本都采用 5 个公因子的构建方式，这说明 5 个公因子的提取方案是较为稳定和可靠的。对包含 33 个变量的量表重新进行信度和效度检验，结果分别如表 2-14 和表 2-15 所示，量表的内部一致性信度系数为 0.8926，信度较好；5 个因子的累计解释变异量达到 60.604%。

表 2-14　　　　　量表修订后的信度检验结果

Cronbach's Alpha 系数	N of Cases（样本数）	N of Items［项目（题目）个数］
0.8926	735 份	33 个

表 2-15　　　　　量表修订后的公因子方差统计结果

Component（成分）	Extraction Sums of Squared Loadings（未旋转的因子提取结果）			Rotation Sums of Squared Loadings（旋转后因子提取结果）		
	Total（总计）	Variance（方差,%）	Cumulative（累积,%）	Total（总计）	Variance（方差,%）	Cumulative（累积,%）
1	9.565	28.985	28.985	7.444	22.558	22.558

续表

Component（成分）	Extraction Sums of Squared Loadings（未旋转的因子提取结果）			Rotation Sums of Squared Loadings（旋转后因子提取结果）		
	Total（总计）	Variance（方差,%）	Cumulative（累积,%）	Total（总计）	Variance（方差,%）	Cumulative（累积,%）
2	5.384	16.315	45.300	4.374	13.255	35.813
3	2.591	7.851	53.153	3.251	9.852	45.665
4	1.300	3.939	57.092	3.238	9.812	55.477
5	1.159	3.512	60.604	1.692	5.127	60.604

注：Extraction Method 为 Principal Component Analysis。

为了更好地认识这 5 个公因子，建立起化妆品品牌的个性维度，本研究根据每个公因子包含的解释词对公因子进行命名：第一个公因子包括传奇的、权威的、神秘的、奢侈的、时尚的、热爱冒险的、独一无二的、有领袖气质的、勇于创新的、有魅力的、有远见的、有品位的共 12 个词，将其命名为"高雅出众"；第二个公因子包括务实的、平凡的、质朴的、含蓄的、真诚的、正直的、勤奋的、友善的 8 个词，将其命名为"低调内敛"；第三个公因子包含 4 个词，分别为有智慧的、自信的、独立的、好强的，将其命名为"成就进取"；第四个公因子也包含 4 个词，分别为娇柔的、浪漫的、细腻的、多愁善感的，将其命名为"文艺感性"；最后一个公因子包含关爱自然的、热爱生活的、值得信赖的、令人愉悦的和始终如一的 5 个词，将其命名为"平和舒适"。化妆品品牌个性维度量表如表 2-16 所示。

表 2-16　　　　　　　　化妆品品牌个性维度量表

公因子（维度）	变量（解释词）
高雅出众	传奇的，权威的，神秘的，奢侈的，时尚的，热爱冒险的，独一无二的，有领袖气质的，勇于创新的，有魅力的，有远见的，有品位的
低调内敛	务实的，平凡的，质朴的，含蓄的，真诚的，正直的，勤奋的，友善的
成就进取	有智慧的，自信的，独立的，好强的
文艺感性	娇柔的，浪漫的，细腻的，多愁善感的
平和舒适	关爱自然的，热爱生活的，值得信赖的，令人愉悦的，始终如一的

第三章　女性消费者的自我概念

　　研究者们为了更好地探寻化妆品消费心理与品牌的关系，将属于心理学范畴的两个概念——自我概念和个性引入消费者行为研究领域中，分别发展出消费者自我概念研究和品牌个性研究两大经典课题。

　　消费者自我概念指消费者将自己作为认知对象、对自己的看法和感觉；品牌个性则指品牌具有同人类相类似的性格特征。消费者自我概念与品牌个性之间存在着密切联系：消费者在购买某种产品时，不但关注其质量优劣、价格高低、效果好坏，而且关注其能否在某种程度上体现出自己是什么样的人。西方研究发现，消费者倾向于选择那些产品形象（品牌个性）与自我形象（自我概念）相一致的品牌，并依此提出"自我形象与产品形象一致的理论"，将自我概念与品牌个性作为一对共生概念进行研究。

　　在自我概念与品牌个性一致性研究中，存在着这样一个不容忽视的问题：利用自我概念研究消费者行为的基本前提是对消费者自我概念的内涵及结构进行界定，然而，目前学术界尚没有一个被广泛接受并得到充分验证的自我概念结构，因此，关于自我概念与品牌个性的一致性关系假设就无法得到充分的支持。这就为本研究提出了一个理论出发点：抛开以往一致性理论的研究思路，针对研究的具体对象——中国女性消费者构建其自我概念系统结构，在此基础上对女性消费者的自我概念与其所购化妆品的品牌个性之间存在的关系进行研究。

一、自我概念

　　自我概念（Self‐concept）隶属于心理学的研究范畴，自 19 世纪末首次被提出以来，心理学家们对其概念、结构以及测量方法都做了大量研究，经过一个多世纪的发展，心理学中自我概念的相关理论已比较成熟。

　　在西方心理学中，自我有两个容易混淆的名字：Ego 和 Self。Ego 来源于精神分析学派，Sigmund Freud（西格蒙德·弗洛伊德）认为，人格结构由本我（Id）、自我（Ego）和超我（Super - ego）三个部分组成，其中自我负责平衡人的本能欲望和良知道德，即协调本我和超我之间的关系，经常无意识地发挥作用。Self 则来源于机能主义心理学派，该学派的创始人 William James（威廉·詹姆斯）在其著作《心理学原理》（1890）中首次对自我概念进行定义，并系统地阐述了自我概念的结构问题。在概念范畴上，Ego 覆盖了 Self，但由于多年来，西方心理学界对 Ego 中无意识部分的探讨始终举步维艰，因而西方心理学界所讨论的自我，一般多指 Self。自我意识（Self - conscious）、自我概念等也都是从 Self 发展而来的。

个人对自我的认知、情感及意向的总和被称为自我意识，而自我概念则代表着自我意识中的认知范畴。[①] 关于自我概念的定义，众多心理学派从不同角度分别给出了阐释，但基本观点大致相同，即认为自我概念是个体将自己作为客体对象时对自己的整体看法和感觉。换句话说，一个人的自我概念就是他对自己的观念。无论这种观念是否准确，它都存在于个体脑海中。自我概念是一个多维度、多层面的系统，具有内部冲突性和动态性的结构特征。

（一）自我概念的结构

William James 在《心理学原理》中对自我的结构问题进行了系统的阐述。James 认为，人的自我由纯粹自我（Pure Ego）和经验自我（Empirical Self）两部分构成：纯粹自我即主观我，是自我的本体和认识主体；经验自我即客观我，是被主观我认知到的部分，是指个体将自己作为对象如何看待，由物质自我（Material Self）、社会自我（Social Self）和精神自我（Spiritual Self）三部分组成。从 James 的阐述中可以看出，他所指的经验自我即自我概念，因而，James 对经验自我的划分被视为是对自我概念结构的最早探讨。

自 James 之后，西方不同学派的心理学家们也从不同研究角度出发，对自我概念的结构提出了不同看法。社会心理学家 Cooley（库利）和 Mead（米德）在借鉴 James 理论的基础上，重点强调个人社会化的过程，认为人的自我概念是在与他人的社会交往中形成的。Cooley（1909）提出了"镜中我（Looking - glass Self）"概念，指出个体想象他人对自己的看法，然后将这些看法内化，在此过程中形成自我概念。Mead（1934）融合了 James 和 Cooley

---

① 詹姆斯. 心理学原理 [M]. 田平，译. 北京：中国城市出版社，2010：189.

二人的思想，提出著名的"符号互动论（Symbolic Interactionism）"，认为自我形成于人际关系互动过程中，探讨了个人（自我）与社会结构（社会互动过程）之间的关系问题。

Carl Rogers（卡尔·罗杰斯，1959）继承了 James 和 Mead 对自我进行主观我和客观我划分的观点，在其他人格心理学家忽视自我概念时提出应强调自我概念。根据自己的临床经验，Rogers 将自我概念划分为理想自我（Ideal Self）和现实自我（Actual Self）。前者指个体所希望拥有的自我概念，包括他人或自己为自己设定的特征；后者则指个体对自己存在的真实感知，个体可以通过对自我体验的无偏见反映及对自身的客观观察和评价来认识现实自我。个体在体验现实自我的同时不断追求理想自我。理想自我的实现就是理想自我与现实自我的统一。

（二）自我概念的测量

早期的自我概念测量倾向于将自我概念视为一个整体，代表性的测量工具包括 Rosenberg 自尊量表、Tennessee（田纳西）自我概念量表（第一版）以及 Piers（皮尔斯）与 Harris（汉斯）开发的儿童自我概念量表。20 世纪 80 年代，研究者们在社会角色论及符号互动论等的影响下，开始广泛接受"人在不同的环境中展现不同自我"这一观点，自我概念结构从单一自我转向多重自我，测量工具也随之转变。基于多重自我的测量工具大多是在单一自我测量量表的基础上修订而来的，包括自我描述问卷 SDQ、Piers 与 Harris 的儿童自我概念量表（修订版）、Brown（布朗）的自尊指标及 Tennessee 的自我概念量表（修订版）等。Brachen 开发的多维自我概念量表（Multidimensional－Self Concept Scale，MSCS）因具备较高的信度、效度与较强的跨文化适应性，被认为是心理学中自我概念测量的较完善工具。尽管众多量表基于的自我概念的理论框架不同，因而具体的测量指标有差异，但这些量表都坚持自我概念应该运用单独触及某一领域的工具进行评价。

（三）消费者的自我概念

20 世纪中期，消费者行为研究领域的研究者们发现，消费心理和行为受消费者如何看待自身影响，由此将隶属于心理学范畴的自我概念引入消费者行为研究领域中，开始集中探讨消费者自我概念的内涵和结构，以及其与消费行为之间的关系。

1. 消费者自我概念的定义与结构

消费者的自我概念，或称自我形象（Self‑image），是指消费者把自己作为对象，对自己的整体看法和感觉①。这一定义继承了心理学界对自我概念的界定，只是认识的主体变成了消费者。消费者行为研究者们认为，消费者的自我概念是由消费者的性格、气质、价值观等所有先天心理基因和后天环境作用而成的系统结构。消费者的自我概念既影响消费行为，也受消费行为影响。

借助自我概念研究消费者行为的前提是对消费者自我概念的内涵及结构进行界定。在对消费者自我概念的结构研究中，最具代表性也最常被借鉴的是 Sirgy（西尔盖，1982）的研究成果。Sirgy 基于 Rogers 的观点，将自我概念划分为现实自我（Actual Self）、理想自我（Ideal Self）和社会自我（Social Self）3 个维度。现实自我指个体对自己的主观认识，即个体觉得自己是一个怎样的人；理想自我指个体希望达到的圆满形象，即个体希望自己成为一个怎样的人；社会自我指他人对自己的看法，即个体觉得别人认为自己是一个怎样的人。后来 Sirgy 等人（2000）在原有的 3 个维度的基础上增加了理想的社会自我（Ideal Social Self）这一维度，指我希望别人认为我是一个怎样的人。

研究者们普遍赞同 Sirgy 关于消费者自我概念的划分方式，并以其为研究依据，提出多种不同的自我概念划分方式。我国台湾学者郭为藩（1972）从动能、形式、性质的角度来分析自我概念的结构，将自我概念划分为现象我（Phenomenal Self）、理想我（Ideal Self）和投射我（Projective Self），分别与 Sirgy 的现实自我、理想自我和社会自我相对应。符国群（2001）将我国消费者的自我概念划分为 5 个维度，分别为实际自我、理想自我、社会自我、理想社会自我和期待自我，前 4 个维度与 Sirgy 的定义相同，而增加的期待自我指消费者期望在未来某一特定时间怎样看待自己，该维度介于实际自我与理想自我之间。舒咏平（2004）在此基础上又增加了一个情境自我概念，该维度与期待自我相类似，指消费者在某一特定情境下怎样看待自己。

从现有大多数消费者自我概念的研究文献来看，在消费者自我概念的结构划分上，以学者 Sirgy 等人的观点为代表，这些学者基本认同消费者自我概

---

① SIRGY M J. Self‑concept in consumer behavior：acritical review［J］. Journal of consumer research，1982，9（3）：287‑300.

念至少存在真实自我、理想自我和社会自我 3 个层面。尽管很多学者都认同这种划分方式，并在此基础上开展了大量研究，但事实上这种界定方式存在问题：首先，从源头来看，这一界定引入的是心理学"Self"自我，因而自始至终也没有探讨过自我中的无意识成分；其次，这种界定划分出的不同的自我维度之间互有重合，后来在此基础上的各种划分同样存在这个问题，这就导致了到目前为止，学术界对于消费者自我概念的结构仍没有形成比较一致的观点，也不存在统一的测量方法；最后，众多研究表明，自我概念还与消费者的性别等人口特征有关。自我概念最重要的特征就是它的文化特殊性，因此，有必要针对不同文化和性别研究消费者的自我概念。

2. 消费者自我概念的应用研究

在西方消费者行为研究中，自我概念的应用研究可以追溯到 20 世纪 50 年代 Gardner（加德纳）和 Jacob Levy Moreno（雅各布·莫雷诺，1959）关于消费者个性的研究。二人发现，消费者并不以功能为导向，消费行为在很大程度上受商品中蕴含意义的影响。虽然他们提出的观点缺乏实证的支持，也不能被视作一种理论，但让消费者行为的研究者们敏感地意识到一个问题：消费者的自我概念或许对消费行为存在潜在影响。

继莫雷诺的研究之后，出现了以自我强化（Self – enhancement）理论和环境自我形象（Situational Self – image）理论为代表的用来描述、解释和预测消费者自我概念在消费行为中影响作用的理论。Sirgy（1980）基于加德纳和莫雷诺二人进行的有关真实自我形象和产品形象一致的讨论，提出了自我形象/产品形象一致性理论——自我形象是产品激发的结果，包含形象意义的产品通常会激发包含同样形象意义的自我概念。这一理论产生了巨大影响，奠定了自我概念理论在消费者研究领域的应用基础，从此，学术界开始将自我概念和品牌形象（品牌个性）作为一对共生概念，探讨二者之间的一致性关系对消费行为，诸如品牌偏好、购买意向、品牌忠诚、店铺忠诚以及顾客满意等产生的影响。Sirgy 的自我形象/产品形象一致性理论启发东西方众多研究者进行相关研究，他们选取不同行业、产品品类及品牌，针对 Sirgy 对自我概念结构划分的不同维度做了大量的实证研究，取得了丰硕的研究成果。

目前，在消费者行为领域的自我概念研究，除自我形象/产品形象一致性理论作用于消费行为外，还存在以下几条研究路线：第一条路线是研究自我概念对消费行为的直接影响，关注的是本质上消费者自我概念的影响，而非自我概念和产品形象二者的一致性影响；第二条路线是研究消费行为结果影响下的产品或品牌形象，主要研究消费者的自我实现与产品或品牌形象认知之间的关系；第三条路线是研究消费行为结果影响下的自我概念，研究内容是消费行为对自我认知的影响；第四条路线是研究消费者自我概念与社会心理因素之间的关系，主要通过测量与产品相对应的自我概念来区分消费者的社会阶层。

无论这些针对消费者行为领域的自我概念研究沿着哪条路线进行，它们都存在同样的问题：对于消费者自我概念的结构难以形成统一的认识，而结构问题一直是影响自我概念理论应用价值的核心所在。针对这种情况，学者们逐渐意识到，有必要针对特定消费群体对自我概念的内涵和特征做出深入探讨。

3. 我国女性消费者的自我概念

女性在消费社会中扮演重要的角色，在社会心理学、女性主义范式和美学范式等的作用下，性别角色的特殊性使女性消费者自我概念既呈现人类的共性，也呈现性别上的独特性和不同社会文化下的差异性，因而需要对女性消费者自我概念的结构特征进行专门的研究，更要考虑在不同文化背景下女性角色对自我概念形成所产生的影响。我国学者杨晓燕在西方消费者自我概念理论研究的基础上，结合我国社会文化环境中女性角色的特征，开创性地构建了我国女性消费者自我概念 5F 模型，划分出女性消费者自我概念的 5 个层面，并开发出相应的测量工具，在女性消费者自我概念与消费行为研究中迈出了重要的一步。

杨晓燕学者认为，女性消费者的自我概念是在自我分化与整合的过程中逐渐形成的，个体消费者在社会化过程中，从只关注生理需要的"物质人"慢慢发展为既关注物质需要（物质自我），也关注社会关系（社会自我）及情感和心灵需要（精神自我）的"精神人"，自我概念经历了一个从无到有的过程。对女性消费者而言，物质自我、社会自我和精神自我又进一步分化成以家庭生活为主的家庭自我（Family – self）、以表现个性为主的表现自我（Fashion – self）、以发展事业为主的发展自我（Fervor – self）、以自我感受为主的情感自我（Feeling – self）和以内心满足为主的心灵自我（Freedom – self），这 5 个层面构成女性消费者自我概念 5F 模型，如图 3 –1 所示。

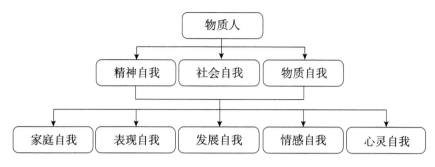

图 3 - 1　女性消费者自我概念 5F 模型[①]

（1）家庭自我。

家庭自我是女性对自己所扮演的家庭角色的看法和观念。如果女性消费者更加关注家庭生活的水平和质量，将家庭生活放在个人生活之前，那么她们的自我概念中家庭自我表现得比较突出。这类女性类似于我国传统女性角色中的"贤妻良母"。

（2）表现自我。

表现自我是指女性对自己外在形象或自己在他人眼中形象的感觉和看法。如果女性消费者很喜欢表现自己、展示个性，吸引他人注意自己，在消费行为中"我行我素"，并喜欢追逐时尚，则这类消费者的自我概念结构中表现自我层面相对突出。

（3）发展自我。

发展自我是女性消费者积极向上、渴望成功和取得成就的自我概念。如果女性消费者积极进行能够取得事业成就和提高社会地位的消费，或在职业生涯中展现出良好的竞争状态，希望事业有成，那么在这类女性消费者的自我概念中，发展自我比较突出，这类女性消费者即所谓的"女强人"。

（4）情感自我。

情感自我指女性对自己情感生活方面的看法和感觉。如果女性消费者喜欢用比较敏感的主观感受来应对客观世界，容易感情用事，喜欢有情调的消费方式，展现出典型的"多愁善感""柔情似水"的女性形象，则在她们的自我概念系统中，情感自我比较突出。

（5）心灵自我。

在社会生活中，有些女性可能会降低对物质消费的需求，逐渐转向追寻

---

① 杨晓燕．中国女性消费行为理论解密［M］．北京：中国对外经济贸易出版社，2003：83.

内心的平静。在这类女性消费者的自我概念系统中，各种成分高度和谐，这类女性消费者开始关注内心世界，其心灵自我比较强大。

4. 女性消费者自我概念系统的结构特征

女性消费者自我概念系统中各种成分的比重并不是一成不变的，各种成分所偏向的层面也不同，因此，成分之间也会呈现不同程度的和谐或矛盾关系。

首先，女性消费者自我概念系统呈现动态性特征。在人生的不同阶段，女性消费者的社会角色会发生变化，随之产生的就是自我概念五种成分强度的改变：女性消费者年轻时，其表现自我、发展自我和情感自我一般会比较突出，而随着年龄的增长，这三种自我成分相对减弱，家庭自我会逐渐突出。

其次，在女性消费者自我概念结构中，五种成分之间还存在着内外等差异。家庭自我和情感自我属于自我概念的内在层面；表现自我和发展自我属于外在层面。从意识和无意识的关系角度看，女性消费者自我概念的内外层面仍属于女性的意识层面，而心灵自我则属于无意识层面。

最后，五种成分之间存在相互制约或促进的关系。表现自我限制家庭自我，却促进发展自我；家庭自我限制情感自我，却更接近于心灵自我；情感自我限制发展自我，但有助于表现自我的发展；发展自我限制心灵自我，但有助于家庭自我的发展；心灵自我限制表现自我，却更接近于情感自我。

杨晓燕在女性消费者自我概念方面的研究具有代表性，在对女性消费者自我概念系统结构的研究中，既考虑到自我的无意识层面，也充分考虑到在我国文化背景下女性所扮演的社会角色及其特征规律。本研究基于该学者对女性消费者自我概念结构的研究成果开展，并通过研究对其结论进行检验。

二、女性消费者自我概念的测量

本研究在女性消费者自我概念的测量工具上使用杨晓燕开发的女性消费者自我概念量表，认为女性消费者自我概念包含 5 个层面，分别为家庭自我、情感自我、表现自我、发展自我和心灵自我。本研究在理论研究的基础上对该量表进行了简单修订，并通过对调查样本数据的验证性因子分析对女性消费者自我概念中五种成分的存在进行检验。

研究框架与具体内容如图 3 - 2 所示。

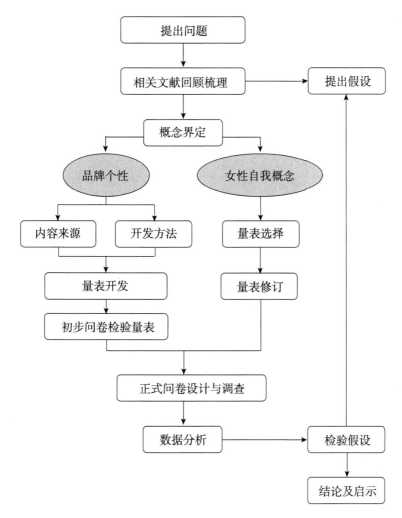

图 3-2　研究框架与具体内容

（一）我国女性消费者自我概念量表

通过对女性消费者自我概念系统结构的产生和演变过程的分析，可以看到女性消费者自我概念系统是一个非发散的系统的动态结构。因此，在利用陈述句对其进行测量时就不需要太多的项目，只要选择能够反映女性消费者自我概念系统结构中 5 种成分的若干项目即可。杨晓燕在其研究中分别设计了 3 个陈述句来测量每种成分，组成一套包含 15 个陈述句的量表，如表 3-1 所示，采用李克特 5 点尺度调查受访者对每个句子的认同程度，以衡量受访者的整体自我概念。

表 3 – 1 我国女性消费者自我概念量表①

家庭自我	相夫教子是女人的本分
	丈夫的成功也就是妻子的成功
	做一位贤妻良母是我国当代女性的理想
情感自我	我喜欢把房间布置得很有情调
	我喜欢把家变得很温馨
	我喜欢买菜做饭
表现自我	女性化妆更能体现自己的魅力和品位
	保持标准体形对于女性的生活和工作来说都很重要
	我用多种化妆品来增强自信心和形象魅力
发展自我	得到社会的认可是我追求的目标
	现代女性必须有自己的事业，这样生活才有保障
	追求事业成功是我最大的心愿
心灵自我	人生幸福来自心灵的祥和宁静，与消费享受或社会声望没关系
	真正的美是不需要穿着华丽服饰与化妆的
	与自然保持和谐是最美的

（二）修订后的我国女性消费者自我概念量表

笔者在反复研读杨晓燕的专著后发现，该学者在设计测量工具时，并未把女性消费者自我概念不同层面所涵盖的具体内容比较全面地设计成题项；在原量表题项中，有些句子的意思比较接近，这些句子应该放在一起进行测量。因此，笔者决定对原量表进行修订，争取每个层面涵盖的内容更加全面，笔者将原量表每种成分的 3 个陈述句合并为 2 个，并在每一层面新增 1 个陈述句。新增内容全部来自杨晓燕的研究专著，并征得了专家同意。笔者用修订后的量表对 10 名本专业研究生进行了预测，对语义模糊及理解起来容易产生

---

① 杨晓燕. 中国女性消费行为理论解密［M］. 北京：中国对外经济贸易出版社，2003：121.

偏差的题项再加以修改，最终形成本研究用以测量女性消费者自我概念的量表工具，如表 3-2 所示。

表 3-2　　　　　　　修订后的我国女性消费者自我概念量表

家庭自我	丈夫或子女的成功也就是我的成功
	做贤妻良母、相夫教子是女人的美德与本分
	相比我自己的生活，我更注重家人的生活质量（新增题项）
情感自我	我喜欢将生活和工作的空间布置得有情调
	我热爱烹饪，喜欢饲养宠物和种植植物
	我情感丰富，喜欢倾诉与倾听（新增题项）
表现自我	合适的妆容和服饰有助于我增强自信心、展现魅力及品位
	保养皮肤和保持身材对女性的生活和工作都非常重要
	我关注时尚，喜欢社交（新增题项）
发展自我	现代女性必须拥有独立的事业和物质财富
	事业成就和社会地位是我追求的目标
	现代女性应该通过不断的学习来提升自己的能力与修养（新增题项）
心灵自我	真正的美是与自然保持和谐，不需要华丽的外在妆饰
	人生的幸福来自内心的自由宁静，与消费享受或社会声望无关
	我有自己的信仰（新增题项）

1. 研究假设与模型

本研究旨在研究女性消费者自我概念与其选购的化妆品的品牌个性之间的关系。女性消费者自我概念存在家庭自我、情感自我、表现自我、发展自我和心灵自我 5 个层面，化妆品品牌个性包含高雅出众、低调内敛、成就进取、文艺感性及平和舒适 5 个维度。本研究试图发现它们之间存在的对应关系，以了解不同自我概念的女性消费者选择的化妆品品牌个性是否存在差异。

（1）研究假设。

本研究提出了以下假设：

假设 1：女性消费者自我概念 5 个层面和化妆品品牌个性 5 个维度之间存在着相关关系。

假设2：不同自我概念的女性消费者，所选购的化妆品的品牌个性也不同。

假设3：年龄、学历等人口统计学变量对女性消费者自我概念存在着差异化影响。

（2）女性消费者自我概念与化妆品品牌个性关系模型。

本研究根据女性消费者自我概念5个层面所包含的具体内容和化妆品品牌个性5个维度的具体解释变量，大胆建立了它们之间的对应关系假设，如图3-3所示。

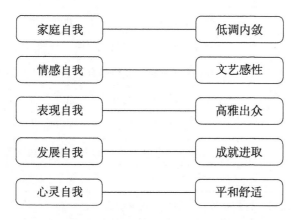

图3-3　女性消费者自我概念与化妆品品牌个性对应关系假设

通过问卷的初步调查及对回收样本的数据分析，得到包含5个维度、33个特质词的化妆品品牌个性测量量表；继而通过对我国女性消费者自我概念量表的修订，得到包含5个层面、15个陈述句的女性消费者自我概念测量量表。至此，正式调查的前期准备工作均已完成，接下来将依据研究假设设计正式问卷并进行数据的收集工作。

2. 问卷的设计

正式问卷具体分为四部分（详见附录3）：第一部分使用女性消费者自我概念量表测量受访者对自我的认知，量表共15个题项，将题项打乱顺序后编入问卷，以李克特5点尺度测量认同度；第二部分测试女性消费者的化妆品品牌选择习惯，为主观题，要求受访者填写自己经常购买的化妆品品牌；第三部分测试受访者对所填写的化妆品品牌个性的认知，使用本研究开发的化妆品品牌个性量表，将33个词打乱顺序后编入问卷，以李克特5点尺度测量符合度；第四部分调查受访者的个人信息，包括年龄、受教育程度、婚育状况、职业、月收入、月消费以及月消费中化妆品支出所占比例等。

3. 数据的收集

由于客观条件的限制，依据调查目的，本研究正式问卷的调查采取目的抽样的非概率抽样方式，调查对象为女性消费者，通过街头拦访和网络发放电子问卷两种方式，在北京和上海两地开展为期 2 周的调查。共发出问卷 300 份，回收 273 份，剔除其中的 29 份无效样本，共得到 244 份有效样本，问卷发放有效率为 81.3%。

剔除无效问卷时依据以下几个标准进行：一是连续 10 题以上出现同一选项的被视为草率作答；二是受访者在 5 点尺度中全部选择两端尺度的，被视为具有极端选择倾向；三是漏题或单选题多选（3 题以上）的问卷被视作无效问卷；四是凡是未做品牌选择主观题的均被视作无效问卷。

（三）数据分析

本研究对正式问卷的回收样本数据进行分析时，使用的工具为 SPSS11.5 统计分析软件，涉及的分析方法包括描述性统计分析、信度及效度检验、相关分析以及方差分析等，最后本研究对数据分析结果进行了简要说明。

1. 样本描述性统计分析

本研究对回收的 244 份有效样本的人口统计学变量进行了描述性统计分析，结果如表 3-3 所示。

表 3-3　　　　　　　有效样本人口统计学变量特征分析①

人口统计学变量	选项	频数（份）	频率（%）	累计频率（%）
年龄	24 岁及以下	48	19.7	19.7
	25~35 岁	144	59.0	78.7
	36~55 岁	45	18.4	97.1
	55 岁以上	7	2.9	100.0
	总计	244	100.0	

---

① 本统计数据遵循四舍五入，保留一位小数。

续表

人口统计学变量	选项	频数（份）	频率（%）	累计频率（%）
学历	高中及以下	16	6.6	6.6
	大专	42	17.2	23.8
	本科	96	39.3	63.1
	硕士及以上	90	36.9	100.0
	总计	244	100.0	
婚育状况	未婚	142	58.2	58.2
	已婚，尚无子女	39	16.0	74.2
	已婚，有子女	61	25.0	99.2
	其他	2	0.8	100.0
	总计	244	100.0	
职业	国家机关、党群组织及事业单位人员	26	10.7	10.7
	国企从业者	24	9.8	20.5
	外企、跨国公司从业者	34	13.9	34.4
	私营企业从业者	48	19.7	54.1
	自由职业者	32	13.1	67.2
	在校学生	73	29.9	97.1
	其他	7	2.9	100.0
	总计	244	100.0	
月收入	1000 元以下	58	23.8	23.8
	1000~3000 元	45	18.4	42.2
	3001~5000 元	61	25.0	67.2
	5001~8000 元	48	19.7	86.9
	8000 元以上	32	13.1	100.0
	总计	244	100.0	

人口统计学变量	选项	频数（份）	频率（%）	累计频率（%）
月消费	1000 元以下	30	12.3	12.3
	1000~3000 元	129	52.9	65.2
	3001~5000 元	56	23.0	88.2
	5001~8000 元	22	9.0	97.2
	8000 元以上	7	2.9	100.0
	总计	244	100.0	
月消费中购买化妆品的比例	10% 以下	82	33.6	33.6
	10%~30%	133	54.5	88.1
	31%~50%	27	11.1	99.2
	50% 以上	2	0.8	100.0
	总计	244	100.0	

在 244 份有效样本中，年龄为 25~35 岁的比重最大，为 59.0%；学历为本科的比重最大，为 39.3%；未婚受访者占比最大，为 58.2%；受访者中在校学生最多，占比为 29.9%；月收入为 3001~5000 元的受访者最多，占 25.0%；月消费为 1000~3000 元的受访者最多，占 52.9%；月消费中用于购买化妆品的比例为 10%~30% 的最多，占 54.5%。

从表 3-3 中可以判断，此次调查抽样的受访者年纪偏小，这种情况可能对人口统计学因素与自我概念关系的研究造成一定的影响，但对消费者对品牌个性的认知影响不大。

2. 化妆品品牌购买习惯分析

对样本的品牌购买习惯主观题答案进行频数统计可以看出，受访者在化妆品品牌选择上的多样性。样本中共出现国内外化妆品品牌 78 个，其中出现 2 次（含）以上的品牌有 42 个，如表 3-4 所示。在 42 个品牌中，按品牌来源地看，欧美品牌为 23 个（包括 12 个美国品牌和 11 个欧洲品牌），日韩品牌为 14 个（包括 8 个日本品牌和 6 个韩国品牌），我国品牌为 5 个，如表 3-5 所示。

表 3-4　　　　　　　　　样本品牌购买习惯统计分析

序号	品牌	频数（个）	频率（%）	累计频率（%）	序号	品牌	频数（个）	频率（%）	累计频率（%）
1	科颜氏	17	7.0	7.0	23	香奈儿	3	1.2	68.9
2	雅诗兰黛	16	6.6	13.5	24	薇姿	3	1.2	70.1
3	倩碧	13	5.3	18.9	25	佰草集	3	1.2	71.3
4	兰蔻	12	4.9	23.8	26	纳斯	2	0.8	72.1
5	相宜本草	12	4.9	28.7	27	植村秀	2	0.8	73.0
6	欧莱雅	10	4.1	32.8	28	丝塔芙	2	0.8	73.8
7	SK-Ⅱ	8	3.3	36.1	29	羽西	2	0.8	74.6
8	兰芝	8	3.3	39.3	30	谜尚	2	0.8	75.4
9	肌研	7	2.9	42.2	31	阿玛尼	2	0.8	76.2
10	梦妆	7	2.9	45.1	32	美宝莲	2	0.8	77.0
11	雪肌精	7	2.9	48.0	33	雪花秀	2	0.8	77.9
12	姬芮	6	2.5	50.4	34	迪奥	2	0.8	78.7
13	百雀羚	6	2.5	52.9	35	悠莱	2	0.8	79.5
14	欧树	5	2.0	54.9	36	希思黎	2	0.8	80.3
15	碧欧泉	5	2.0	57.0	37	魅可	2	0.8	81.1
16	大宝	4	1.6	58.6	38	海蓝之谜	2	0.8	82.0
17	资生堂	4	1.6	60.2	39	御泥坊	2	0.8	82.8
18	玉兰油	4	1.6	61.9	40	贝玲妃	2	0.8	83.6
19	欧珀莱	4	1.6	63.5	41	雅顿	2	0.8	84.4
20	悦木之源	4	1.6	65.2	42	悦诗风吟	2	0.8	85.2
21	菲诗小铺	3	1.2	66.4		其他	36	14.8	100.0
22	雅漾	3	1.2	67.6		合计	244	100.0	

表 3-5　　　　　　　　　品牌来源地分布情况

来源地与个数	品牌					
美国（12）	海蓝之谜	雅诗兰黛	悦木之源	倩碧	魅可	雅顿
	科颜氏	纳斯	贝玲妃	玉兰油	羽西	美宝莲

续表

来源地与个数	品牌					
欧洲（11）	兰蔻	迪奥	香奈儿	阿玛尼	希思黎	碧欧泉
	欧树	欧莱雅	雅漾	薇姿	丝塔芙	
日本（8）	SK-Ⅱ	植村秀	雪肌精	肌研	资生堂	欧珀莱
	悠莱	姫芮				
韩国（6）	雪花秀	兰芝	梦妆	菲诗小铺	悦诗风吟	谜尚
中国（5）	佰草集	相宜本草	百雀羚	御泥坊	大宝	

从表 3-5 中可以看出，受访女性消费者在化妆品消费中更倾向于选择欧美品牌，且中高档品牌出现的频率较大。这种情况可能是由本次调查所开展的地域在一线发达城市、调查对象的消费能力较高导致的，同时也说明了在女性消费者的化妆品消费中，本土品牌不占优势。

3. 问卷量表的信度与效度检验

在进行相关的数据分析之前，需要检验正式问卷中涉及的两个量表——女性消费者自我概念量表和化妆品品牌个性量表的信度与效度，以保证数据分析的科学性和可靠性。

（1）信度检验。

使用 SPSS11.5 统计分析软件对两个量表的样本数据分别进行 Cronbach's Alpha 系数检验，结果如表 3-6 所示。

表 3-6　　　　　　　　　正式问卷量表的信度检验结果

量表	Cronbach's Alpha 系数值	N of Cases	N of Items
女性消费者自我概念量表	0.7279	244 份	15 个
化妆品品牌个性量表	0.9058	244 份	33 个

经检验，女性消费者自我概念量表和化妆品品牌个性量表的 Cronbach's Alpha 系数分别为 0.7279 和 0.9058，均在 0.7 以上的可接受范围内，说明问卷使用的量表具有较好的内部一致性和稳定性。

（2）两个量表的内容效度。

研究使用的第一个量表是根据杨晓燕提出的女性消费者自我概念量表修订而来的，原量表在其本人以及其他人的研究中已被证实具有较高的效度。

在修订过程中，笔者所做的改动均源于该学者的研究专著，笔者认为这些内容同样能够反映女性消费者自我概念的某一层面，但原量表中未收录。目前，关于女性消费者自我概念的研究成果相对较少，因此笔者在借鉴前人研究成果的基础上探索性地提出修订意见，尽可能保证量表在逻辑和内容上的合理性与有效性。

研究使用的第二个量表是笔者在研究大量品牌个性文献的基础上，基于经典量表的内容及开发方法建构起来的，保证了量表的内容效度。

（3）建构效度的检验及因子分析。

① KMO 及 Bartlett's 球体检验。

对量表进行建构效度的检验前，先要通过 KMO 及 Bartlett's 球体检验判断量表数据是否适合进行因子分析。两个量表的检验结果如表 3－7 所示。

表 3－7　　　　　两个量表的 KMO 及 Bartlett's 球体检验结果

检验项目		女性消费者自我概念量表	化妆品品牌个性量表
KMO 值		0.738	0.900
Bartlett's 球体检验	Approx. Chi－Square	726.892	4508.977
	df.	105	528
	Sig. 值	0.000	0.000

两个量表的 KMO 值分别为 0.738 和 0.900，根据 Kaiser 给出的标准，在可接受的范围内；同时，Bartlett's 球体检验的概率 Sig. 值均为 0.000，小于 0.05 的显著性水平，说明量表中的各个变量之间存在共同因素，可以进行因子分析。

② 女性消费者自我概念量表的因子分析。

将女性消费者自我概念量表中的 15 个变量的样本数据进行因子分析，经主成分分析、方差极大正交旋转后，保留特征值大于 1 的因子，并结合陡坡图检验，提取到 5 个公因子，累计解释变异量达到 59.814%，这说明在女性消费者自我概念系统中确实存在着 5 种成分，如表 3－8 所示。

表 3 - 8　　　　　女性消费者自我概念量表的公因子方差统计结果

Component（成分）	Extraction Sums of Squared Loadings（被提取的载荷平方和）			Rotation Sums of Squared Loadings（平方载荷的旋转和）		
	Total（总计）	Variance（方差,%）	Cumulative（累积,%）	Total（总计）	Variance（方差,%）	Cumulative（累积,%）
1	3. 234	21. 563	21. 563	1. 888	12. 588	12. 588
2	2. 312	15. 415	36. 978	1. 880	12. 534	25. 122
3	1. 372	9. 150	46. 128	1. 832	12. 213	37. 336
4	1. 126	7. 506	53. 634	1. 809	12. 061	49. 397
5	0. 927	6. 179	59. 814	1. 563	10. 417	59. 814

　　为了验证抽取到的 5 个公因子与女性消费者自我概念量表 5 个层面上的内容概念是否一致，需要观察转轴后的成分矩阵中的因子负载量。根据表 3 - 9 可知，每个公因子下分别集合了 3 个变量，这 3 个变量在该因子上的载荷明显高于在其他因子上的载荷，这说明该因子能够被这些变量解释。变量的具体内容及其对因子的解释如表 3 - 10 所示。

表 3 - 9　　　　　　　　　　正交旋转后的成分矩阵

问题序号	Component（成分）				
	1	2	3	4	5
Q10	0. 803	0. 140	0. 010	0. 063	0. 155
Q5	0. 741	0. 186	0. 057	- 0. 131	0. 196
Q13	0. 445	0. 023	- 0. 033	0. 128	0. 059
Q14	0. 097	0. 841	- 0. 016	0. 052	0. 121
Q3	0. 154	0. 665	- 0. 097	0. 097	0. 368
Q11	0. 458	0. 627	- 0. 004	0. 124	- 0. 008
Q7	- 0. 033	- 0. 043	0. 840	0. 056	- 0. 085
Q8	0. 075	0. 021	0. 827	0. 031	0. 127
Q15	- 0. 011	- 0. 053	0. 538	0. 452	0. 146
Q6	- 0. 113	0. 159	0. 046	0. 690	0. 080
Q12	- 0. 126	0. 415	0. 195	0. 570	- 0. 312
Q1	- 0. 341	- 0. 121	0. 242	0. 445	0. 354

续表

问题序号	Component（成分）				
	1	2	3	4	5
Q4	0.016	0.244	0.126	0.072	0.671
Q2	0.258	0.081	−0.064	−0.007	0.665
Q9	0.186	0.015	0.149	0.393	0.425

表 3－10　　女性消费者自我概念的 5 个因子及因子下的解释变量

因子	问题序号	解释变量
因子 1：心灵自我	Q10	真正的美是与自然保持和谐，不需要华丽的外在妆饰
	Q5	人生的幸福来自内心的自由宁静，与消费享受或社会声望无关
	Q13	我有自己的信仰
因子 2：家庭自我	Q14	丈夫或子女的成功也就是我的成功
	Q3	相比我自己的生活，我更注重家人的生活质量
	Q11	做贤妻良母、相夫教子是女人的美德与本分
因子 3：发展自我	Q7	现代女性必须拥有独立的事业和物质财富
	Q8	现代女性应该通过不断学习来提升自己的能力与修养
	Q15	事业成就和社会地位是我追求的目标
因子 4：表现自我	Q6	我关注时尚，喜欢社交
	Q12	保养皮肤和保持身材对女性的生活和工作都非常重要
	Q1	合适的妆容和服饰有助于我增强自信心、展现魅力及品位
因子 5：情感自我	Q4	我喜欢将生活和工作的空间布置得有情调
	Q2	我热爱烹饪，喜欢饲养宠物和种植植物
	Q9	我情感丰富，喜欢倾诉与倾听

　　通过对女性消费者自我概念量表的数据进行验证性因子分析，可以看到在女性消费者自我概念系统中，确实存在着 5 种成分，而能够有效解释每种成分的变量，也与原先构建的量表相吻合。这说明本研究建构的女性消费者自我概念量表具有较高的建构效度，自我概念中存在的 5 个层面及每个层面的解释变量经检验也具有较强的稳定性。

③ 化妆品品牌个性量表的因子分析。

在上一章中已经对化妆品品牌个性量表进行过因子分析，共提取到 5 个公因子，确定了化妆品品牌个性的 5 个维度。正式问卷样本发生了变化，可能导致个别特质词在因子中发生转移的情况，但因子本身不会变化。为了研究的方便，本研究决定使用上一章中因子分析的结果，即认为化妆品的品牌个性存在高雅出众、低调内敛、成就进取、文艺感性及平和舒适 5 个个性维度，每个维度下的解释词也与之前的相同。

第四章 化妆品品牌个性与女性消费者个性

一、女性消费者自我概念与化妆品品牌个性相关分析

统计方法中的积差相关（Product – moment Correlation）主要用于研究变量之间的密切程度，此相关方法由统计学之父 Pearson（皮尔逊）创建，因此又称皮尔逊相关法。相关程度通过相关系数值的大小进行检验：相关系数值在 – 1 和 + 1 之间，绝对值越接近 1，表示变量之间的相关程度越高；而相关系数的正负则表示变量之间是正相关（Positive Correlation）还是负相关（Negative Correlation）。在社会科学领域，相关程度可以参照表 4 – 1 进行判断。

表 4 – 1　　　　　　　　　相关程度判断标准①

相关系数绝对值	相关程度
$\mid r \mid < 0.10$	基本不相关
$0.10 \leqslant \mid r \mid < 0.30$	相关性较弱
$0.30 \leqslant \mid r \mid < 0.50$	呈现显著相关性
$\mid r \mid \geqslant 0.50$	相关性很高

分别计算出受访者在女性消费者自我概念每一层面和化妆品品牌个性每个维度上评价的均值，采用皮尔逊积差相关系数及双尾检验对女性消费者自我概念 5 个层面与化妆品品牌个性 5 个维度进行相关性验证。

---

① 吴明隆. 问卷统计分析实务：SPSS 操作与应用［M］. 重庆：重庆大学出版社，2010：329.

（一）女性消费者自我概念 5 个层面的内部相关分析

女性消费者自我概念 5 个层面内部相关分析的结果如表 4 – 2 所示。

表 4 – 2　　　　女性消费者自我概念 5 个层面内部相关分析的结果

5 个层面	比较项	自我概念 5 个层面				
		表现自我	情感自我	家庭自我	心灵自我	发展自我
表现自我	Pearson Correlation	1	0.240 （＊＊）	0.100	0.049	0.441 （＊＊）
	Sig. （2 – tailed）	0.000	0.000	0.118	0.445	0.00
	N	244	244	244	244	244
情感自我	Pearson Correlation （皮尔逊相关系数）		1	0.351 （＊＊）	0.387 （＊＊）	0.091
	Sig. （2 – tailed）		0.000	0.000	0.000	0.156
	N		244	244	244	244
家庭自我	Pearson Correlation			1	0.461 （＊＊）	0.108
	Sig. （2 – tailed）			0.000	0.000	0.091
	N			244	244	244
心灵自我	Pearson Correlation				1	0.052
	Sig. （2 – tailed）				0.000	0.421
	N				244	244
发展自我	Pearson Correlation					1
	Sig. （2 – tailed）					0.000
	N					244

注：＊＊表示相关系数在 0.01 水平（双尾）显著。

由表 4 – 2 相关分析的结果可以看出，女性消费者自我概念的 5 个层面内部之间存在着线性相关关系：表现自我与发展自我的相关系数为 0.441，家庭自我与心灵自我的相关系数为 0.461，说明表现自我与发展自我正相关，家庭自我与心灵自我正相关；相关系数的绝对值为 0.30~0.50，说明相关性比较显著。

（二）化妆品品牌个性 5 因子的内部相关分析

化妆品品牌个性 5 因子内部相关分析的结果如表 4 -3 所示。

表 4 -3　　　　　　化妆品品牌个性 5 因子内部相关分析的结果

个性因子	比较项	品牌个性 5 因子				
		高雅出众（因子1）	低调内敛（因子2）	成就进取（因子3）	文艺感性（因子4）	平和舒适（因子5）
高雅出众（因子1）	Pearson Correlation	1	0.095	0.799（＊＊）	0.449（＊＊）	0.266（＊＊）
	Sig. （2 - tailed）	0.000	0.140	0.000	0.000	0.000
	N	244	244	244	244	244
低调内敛（因子2）	Pearson Correlation		1	0.111	0.191（＊＊）	0.597（＊＊）
	Sig. （2 - tailed）			0.082	0.003	0.000
	N			244	244	244
成就进取（因子3）	Pearson Correlation			1	0.328（＊＊）	0.304（＊＊）
	Sig. （2 - tailed）				0.000	0.000
	N				244	244
文艺感性（因子4）	Pearson Correlation				1	0.324（＊＊）
	Sig. （2 - tailed）					0.000
	N					244
平和舒适（因子5）	Pearson Correlation					1
	Sig. （2 - tailed）					0.000
	N					244

注：＊＊表示相关系数在 0.01 水平（双尾）显著。

表 4 -3 的相关分析结果显示，化妆品品牌个性的 5 个维度之间也存在着线性相关关系：因子 1 "高雅出众"和因子 3 "成就进取"的相关系数为 0.799，因子 2 "低调内敛"和因子 5 "平和舒适"的相关系数为 0.597，说

明高雅出众个性维度与成就进取个性维度正相关，低调内敛个性维度与平和舒适个性维度正相关；相关系数的绝对值在 0.50 以上，说明相关性很高。

（三）女性消费者自我概念与化妆品品牌个性的交叉相关分析

女性消费者自我概念 5 个层面与化妆品品牌个性 5 个维度交叉相关分析的结果如表 4 – 4 所示。

表 4 – 4　　　　　　　女性消费者自我概念 5 个层面与
化妆品品牌个性 5 个维度交叉相关分析的结果

品牌个性 5 个维度	比较项	自我概念 5 个层面				
		表现自我	情感自我	家庭自我	心灵自我	发展自我
高雅出众（因子1）	Pearson Correlation	0.470（＊＊）	0.069	0.192（＊＊）	0.076	0.345（＊＊）
	Sig.（2 – tailed）	0.000	0.282	0.003	0.239	0.000
	N	244	244	244	244	244
低调内敛（因子2）	Pearson Correlation	0.096	0.188（＊＊）	0.383（＊＊）	0.463（＊＊）	– 0.007
	Sig.（2 – tailed）	0.134	0.003	0.000	0.000	0.914
	N	244	244	244	244	244
成就进取（因子3）	Pearson Correlation	0.467（＊＊）	0.032	0.061	0.029	0.431（＊＊）
	Sig.（2 – tailed）	0.000	0.620	0.345	0.651	0.000
	N	244	244	244	244	244
文艺感性（因子4）	Pearson Correlation	0.330（＊＊）	0.345（＊＊）	0.373（＊＊）	0.154（＊）	0.108
	Sig.（2 – tailed）	0.000	0.000	0.000	0.016	0.091
	N	244	244	244	244	244
平和舒适（因子5）	Pearson Correlation	0.177（＊＊）	0.333（＊＊）	0.168（＊＊）	0.369（＊＊）	0.126（＊）
	Sig.（2 – tailed）	0.006	0.000	0.008	0.000	0.048
	N	244	244	244	244	244

注：＊＊表示相关系数在 0.01 水平（双尾）显著；＊表示相关系数在 0.05 水平（双尾）显著。

表 4 - 4 的交叉相关分析结果显示，女性消费者自我概念的表现自我层面与品牌个性的高雅出众维度及成就进取维度之间的相关性较高，相关系数分别为 0.470 和 0.467；情感自我层面与文艺感性维度和平和舒适维度之间的相关性较高，相关系数分别为 0.345 和 0.333；家庭自我层面与低调内敛维度和文艺感性维度的相关性较高，相关系数分别为 0.383 和 0.373；心灵自我层面与低调内敛维度和平和舒适维度的相关性较高，相关系数分别为 0.463 和0.369；发展自我层面与成就进取维度和高雅出众维度的相关性较高，相关系数分别为 0.431 和 0.345。相关系数的绝对值均为 0.3~0.5，说明相关性比较显著。

（四）人口统计学变量与女性消费者自我概念的方差分析

为了检验女性消费者年龄、学历等人口统计学变量上的差异是否体现在其自我概念上，本研究采用单因子方差分析的方法分析不同人口统计学变量对自我概念的层面是否存在显著性差异影响。

使用单因子方差分析的方法时，若是方差分析摘要表呈现的整体检验的 F 值（显著性概率值）达到显著水平（$p < 0.05$），表示至少有 2 组平均数间的差异达到显著水平，这时需要进行事后比较，查看具体是哪几对配对组平均数间的差异达到显著水平；整体检验的 F 值未达显著水平（$p > 0.05$），则说明配对组之间不存在显著性差异影响，不需要进行事后比较。本研究采用 Scheffe 法（成对比较检验）进行事后多重比较，根据两两配对的平均差异差值判断人口统计学变量对自我概念某一或某些层面产生的具体影响。

1. 年龄与女性消费者自我概念的方差分析

表 4 - 5 的结果显示，在以年龄为自变量、自我概念的 5 个层面为因变量的方差分析摘要表中，只有家庭自我的显著性概率值小于 0.05，达到显著水平，因而只对其进行 Scheffe 法事后多重比较，结果如表 4 - 6 所示。

表 4 - 5　　　　年龄与女性消费者自我概念的方差分析摘要

5 个层面	Sig. 值
表现自我	0.252
情感自我	0.239
家庭自我	0.005
心理自我	0.336
发展自我	0.973

表4-6 年龄多重比较

因变量	年龄(I)	年龄(J)	平均差异(I-J)	标准差	显著性	95% 置信区间	
						下界	上界
家庭自我	24 岁及以下	25~35 岁	-0.1830	0.13534	0.610	-0.5640	0.1981
		36~55 岁	-0.5217 (*)	0.16850	0.024	-0.9961	-0.0473
		55 岁以上	-0.7511	0.32855	0.159	-1.6761	0.1739
	25~35 岁	24 岁及以下	0.1830	0.13534	0.610	-0.1981	0.5640
		36~55 岁	-0.3388	0.13869	0.116	-0.7292	0.0517
		55 岁以上	-0.5681	0.31431	0.354	-1.4530	0.3168
	36~55 岁	24 岁及以下	0.5217 (*)	0.16850	0.024	0.0473	0.9961
		25~35 岁	0.3388	0.13869	0.116	-0.0517	0.7292
		55 岁以上	-0.2294	0.32994	0.922	-1.1583	0.6996
	55 岁以上	24 岁及以下	0.7511	0.32855	0.159	-0.1739	1.6761
		25~35 岁	0.5681	0.31431	0.354	-0.3168	1.4530
		36~55 岁	0.2294	0.32994	0.922	-0.6996	1.1583

注：*表示平均差在0.05水平差异显著。

根据平均差异比较结果，在女性家庭自我层面上，"55岁以上"群组对家庭自我的感知最强，其他依次为"36~55岁"群组、"25~35岁"群组、"24岁及以下"群组，表明随着女性年龄的增长，家庭自我层面在女性消费者身上越来越突出。

2. 学历与女性消费者自我概念的方差分析

表4-7的分析结果显示，在以学历为自变量、以自我概念的5个层面为因变量的方差分析摘要表中，只有家庭自我的显著性概率值小于0.05，达到显著水平，因而只对其进行Scheffe法事后多重比较，结果如表4-8所示。

表4-7 学历与女性消费者自我概念的方差分析摘要

5 个层面	Sig. 值
表现自我	0.613
情感自我	0.402
家庭自我	0.038

5个层面	Sig. 值
心灵自我	0.238
发展自我	0.238

表4-8 学历多重比较

因变量	学历(I)	学历(J)	平均差异(I-J)	标准差	显著性	95% 置信区间	
						下界	上界
家庭自我	高中及以下	大专	0.2713	0.24071	0.736	-0.4064	0.9490
		本科	0.3544	0.22125	0.465	-0.2685	0.9773
		硕士及以上	0.5597	0.22230	0.099	-0.0662	1.1856
	大专	高中及以下	-0.2713	0.24071	0.736	-0.9490	0.4064
		本科	0.0831	0.15158	0.960	-0.3437	0.5099
		硕士及以上	0.2884	0.15311	0.317	-0.1426	0.7195
	本科	高中及以下	-0.3544	0.22125	0.465	-0.9773	0.2685
		大专	-0.0831	0.15158	0.960	-0.5099	0.3437
		硕士及以上	0.2053	0.12022	0.406	-0.1331	0.5438
	硕士及以上	高中及以下	-0.5597	0.22230	0.099	-1.1856	0.0662
		大专	-0.2884	0.15311	0.317	-0.7195	0.1426
		本科	-0.2053	0.12022	0.406	-0.5438	0.1331

注：*表示平均差在0.05水平差异显著。

根据平均差异比较结果可知，在女性家庭自我层面上，"高中及以下"群组对家庭自我的感知最强，其他依次为"大专"群组、"本科"群组、"硕士及以上"群组，表明女性学历越高，其家庭自我层面越弱。

3. 婚育状况与女性消费者自我概念的方差分析

表4-9的方差分析结果显示，在以婚育状况为自变量、以自我概念的5个层面为因变量的方差分析摘要表中，只有家庭自我的显著性概率值小于0.05，达到显著水平，因而只对其进行Scheffe法事后多重比较，结果如表4-10所示。

表4-9　　　　　　婚育状况与女性消费者自我概念的方差分析摘要

5 个层面	Sig. 值
表现自我	0.405
情感自我	0.387
家庭自我	0.000
心灵自我	0.063
发展自我	0.809

表4-10　　　　　　　　　　婚育状况多重比较

因变量	婚育状况（I）	婚育状况（J）	平均差异（I−J）	标准差	显著性	95% 置信区间	
						下界	上界
家庭自我	未婚	已婚，尚无子女	−0.1969	0.14458	0.604	−0.6040	0.2101
		已婚，有子女	−0.5500（＊）	0.12243	0.000	−0.8947	−0.2053
	已婚，尚无子女	未婚	0.1969	0.14458	0.604	−0.2101	0.6040
		已婚，有子女	−0.3531	0.16396	0.203	−0.8147	0.1085
	已婚，有子女	未婚	0.5500（＊）	0.12243	0.000	0.2053	0.8947
		已婚，尚无子女	0.3531	0.16396	0.203	−0.1085	0.8147

注：＊表示平均差在0.05水平差异显著。

　　平均差异比较结果显示，在女性家庭自我层面上，"已婚，有子女"群组对家庭自我的感知最强，其他依次为"已婚，尚无子女"群组、"未婚"群组，表明已婚女性的家庭自我更突出。

　　4. 职业与女性消费者自我概念的方差分析

　　表4-11的方差分析结果显示，在以职业为自变量、以自我概念的5个层面为因变量的方差分析摘要表中，同样只有家庭自我的显著性概率值小于0.05，达到显著水平，因而只对其进行 Scheffe 法事后多重比较，结果如表4-12所示。

表4-11 职业与女性消费者自我概念的方差分析摘要

5 个层面	Sig. 值
表现自我	0.797
情感自我	0.091
家庭自我	0.000
心灵自我	0.189
发展自我	0.472

表4-12 职业多重比较

因变量	职业（I）	职业（J）	平均差异（I-J）	标准差	显著性	95% 置信区间 下界	95% 置信区间 上界
家庭自我	国家机关、党群组织及事业单位人员	国企从业者	0.0019	0.22537	1.000	-0.8051	0.8089
		外企、跨国公司从业者	0.7805（*）	0.20742	0.031	0.0378	1.5233
		私营企业从业者	0.3000	0.19387	0.879	-0.3942	0.9942
		自由职业者	-0.0336	0.21021	1.000	-0.7863	0.7191
		在校学生	0.3114	0.18183	0.816	-0.3397	0.9625
		其他	0.6545	0.33901	0.713	-0.5595	1.8684
	国企从业者	国家机关、党群组织及事业单位人员	-0.0019	0.22537	1.000	-0.8089	0.8051
		外企、跨国公司从业者	0.7787（*）	0.21226	0.040	0.0186	1.5387
		私营企业从业者	0.2981	0.19904	0.895	-0.4146	1.0108
		自由职业者	-0.0355	0.21499	1.000	-0.8053	0.7343
		在校学生	0.3095	0.18733	0.841	-0.3613	0.9803
		其他	0.6526	0.34200	0.725	-0.5720	1.8772

因变量	职业（I）	职业（J）	平均差异（I－J）	标准差	显著性	95% 置信区间	
						下界	上界
家庭自我	外企、跨国公司从业者	国家机关、党群组织及事业单位人员	－0.7805（＊）	0.20742	0.031	－1.5233	－0.0378
		国企从业者	－0.7787（＊）	0.21226	0.040	－1.5387	－0.0186
		私营企业从业者	－0.4805	0.17846	0.303	－1.1196	0.1585
		自由职业者	－0.8142（＊）	0.19609	0.010	－1.5163	－0.1120
		在校学生	－0.4691	0.16531	0.239	－1.0610	0.1228
		其他	－0.1261	0.33045	1.000	－1.3093	1.0572
	私营企业从业者	国家机关、党群组织及事业单位人员	－0.3000	0.19387	0.879	－0.9942	0.3942
		国企从业者	－0.2981	0.19904	0.895	－1.0108	0.4146
		外企、跨国公司从业者	0.4805	0.17846	0.303	－0.1585	1.1196
		自由职业者	－0.3336	0.18170	0.760	－0.9843	0.3170
		在校学生	0.0114	0.14795	1.000	－0.5184	0.5412
		其他	0.3544	0.32211	0.976	－0.7990	1.5078
	自由职业者	国家机关、党群组织及事业单位人员	0.0336	0.21021	1.000	－0.7191	0.7863
		国企从业者	0.0355	0.21499	1.000	－0.7343	0.8053
		外企、跨国公司从业者	0.8142（＊）	0.19609	0.010	0.1120	1.5163
		私营企业从业者	0.3336	0.18170	0.760	－0.3170	0.9843
		在校学生	0.3450	0.16879	0.653	－0.2594	0.9495
		其他	0.6881	0.33220	0.638	－0.5015	1.8776

续表

因变量	职业 (I)	职业 (J)	平均差异 (I-J)	标准差	显著性	95% 置信区间	
						下界	上界
家庭自我	在校学生	国家机关、党群组织及事业单位人员	-0.3114	0.18183	0.816	-0.9625	0.3397
		国企从业者	-0.3095	0.18733	0.841	-0.9803	0.3613
		外企、跨国公司从业者	0.4691	0.16531	0.239	-0.1228	1.0610
		私营企业从业者	-0.0114	0.14795	1.000	-0.5412	0.5184
		自由职业者	-0.3450	0.16879	0.653	-0.9495	0.2594
		其他	0.3430	0.31502	0.977	-0.7850	1.4710
	其他	国家机关、党群组织及事业单位人员	-0.6545	0.33901	0.713	-1.8684	0.5595
		国企从业者	-0.6526	0.34200	0.725	-1.8772	0.5720
		外企、跨国公司从业者	0.1261	0.33045	1.000	-1.0572	1.3093
		私营企业从业者	-0.3544	0.32211	0.976	-1.5078	0.7990
		自由职业者	-0.6881	0.33220	0.638	-1.8776	0.5015
		在校学生	-0.3430	0.31502	0.977	-1.4710	0.7850

注：* 表示平均差在 0.05 水平差异显著。

平均差异比较结果显示，在女性家庭自我层面上，"自由职业者"群组对家庭自我的感知最强，其他依次为"国家机关、党群组织及事业单位人员"群组、"国企从业者"群组、"私营企业从业者"群组、"在校学生"群组和"其他"群组，"外企、跨国公司从业者"群组对家庭自我的感知最弱。

5. 月收入与女性消费者自我概念的方差分析

表 4 – 13 的方差分析结果显示，在以月收入为自变量、以自我概念的 5 个层面为因变量的方差分析摘要表中，只有情感自我的显著性概率值小于 0.05，达到显著水平，因而只对其进行 Scheffe 法事后多重分析，结果如表 4 – 14 所示。

表 4 – 13　　　月收入与女性消费者自我概念的方差分析摘要

5 个层面	Sig. 值
表现自我	0.483
情感自我	0.008
家庭自我	0.828
心灵自我	0.204
发展自我	0.111

表 4 – 14　　　　　　月收入多重比较

因变量	月收入 （I）	月收入 （J）	平均差异 （I – J）	标准差	显著性	95% 置信区间	
						下界	上界
情感 自我	1000 元 以下	1000~3000 元	0.2453	0.11369	0.327	– 0.1076	0.5983
		3001~5000 元	0.2910	0.10496	0.108	– 0.0349	0.6168
		5001~8000 元	0.3493 （＊）	0.11167	0.047	0.0026	0.6960
		8000 元以上	0.3765	0.12603	0.066	– 0.0147	0.7678
	1000~3000 元	1000 元以下	– 0.2453	0.11369	0.327	– 0.5983	0.1076
		3001~5000 元	0.0456	0.11246	0.997	– 0.3035	0.3948
		5001~8000 元	0.1040	0.11875	0.943	– 0.2647	0.4727
		8000 元以上	0.1312	0.13234	0.912	– 0.2796	0.5421
	3001~5000 元	1000 元以下	– 0.2910	0.10496	0.108	– 0.6168	0.0349
		1000~3000 元	– 0.0456	0.11246	0.997	– 0.3948	0.3035
		5001~8000 元	0.0584	0.11042	0.991	– 0.2844	0.4012
		8000 元以上	0.0856	0.12492	0.976	– 0.3023	0.4734

因变量	月收入 （I）	月收入 （J）	平均差异 （I－J）	标准差	显著性	95% 置信区间	
						下界	上界
情感 自我	5001~8000 元	1000 元以下	－0.3493 （＊）	0.11167	0.047	－0.6960	－0.0026
		1000~3000 元	－0.1040	0.11875	0.943	－0.4727	0.2647
		3001~5000 元	－0.0584	0.11042	0.991	－0.4012	0.2844
		8000 元以上	0.0272	0.13061	1.000	－0.3783	0.4327
	8000 元 以上	1000 元以下	－0.3765	0.12603	0.066	－0.7678	0.0147
		1000~3000 元	－0.1312	0.13234	0.912	－0.5421	0.2796
		3001~5000 元	－0.0856	0.12492	0.976	－0.4734	0.3023
		5001~8000 元	－0.0272	0.13061	1.000	－0.4327	0.3783

注：＊表示平均差在 0.05 水平差异显著。

根据平均差异比较结果可知，在女性情感自我层面上，月收入为"1000元以下"的群组对情感自我的感知强于"1000~3000 元"群组的感知，其他依次为"3001~5000 元"群组、"5001~8000 元"群组、"8000 元以上"群组，表明女性消费者收入越低，其情感自我层面越突出。

6. 月消费与女性消费者自我概念的方差分析

表 4－15 的分析结果显示，在以月消费为自变量、以自我概念的 5 个层面为因变量的方差分析摘要表中，同样只有情感自我的显著性概率值小于0.05，达到显著水平，因而只对这一层面进行 Scheffe 法事后多重分析，结果如表 4－16 所示。

表 4－15　　　月消费与女性消费者自我概念的方差分析摘要

5 个层面	Sig. 值
表现自我	0.244
情感自我	0.033
家庭自我	0.254
心灵自我	0.328
发展自我	0.229

表 4 - 16　　　　　　　　　　　月消费多重比较

因变量	月消费（I）	月消费（J）	平均差异（I－J）	标准差	显著性	95％置信区间	
						下界	上界
情感自我	1000 元以下	1000~3000 元	0.0946	0.13041	0.971	－ 0.3102	0.4995
		3001~5000 元	0.1419	0.11683	0.831	－ 0.2208	0.5046
		5001~8000 元	0.4672	0.16178	0.084	－ 0.0351	0.9694
		8000 元以上	－ 0.1275	0.24193	0.991	－ 0.8786	0.6235
	1000~3000 元	1000 元以下	－ 0.1419	0.11683	0.831	－ 0.5046	0.2208
		3001~5000 元	－ 0.0473	0.09224	0.992	－ 0.3336	0.2390
		5001~8000 元	0.3252	0.13295	0.204	－ 0.0875	0.7380
		8000 元以上	－ 0.2694	0.22368	0.835	－ 0.9638	0.4250
	3001~5000 元	1000 元以下	－ 0.0946	0.13041	0.971	－ 0.4995	0.3102
		1000~3000 元	0.0473	0.09224	0.992	－ 0.2390	0.3336
		5001~8000 元	0.3725	0.14502	0.163	－ 0.0777	0.8228
		8000 元以上	－ 0.2221	0.23106	0.921	－ 0.9395	0.4952
	5001~8000 元	1000 元以下	－ 0.4672	0.16178	0.084	－ 0.9694	0.0351
		1000~3000 元	－ 0.3252	0.13295	0.204	－ 0.7380	0.0875
		3001~5000 元	－ 0.3725	0.14502	0.163	－ 0.8228	0.0777
		8000 元以上	－ 0.5947	0.25011	0.230	－ 1.3711	0.1818
	8000 元以上	1000 元以下	0.1275	0.24193	0.991	－ 0.6235	0.8786
		1000~3000 元	0.2694	0.22368	0.835	－ 0.4250	0.9638
		3001~5000 元	0.2221	0.23106	0.921	－ 0.4952	0.9395
		5001~8000 元	0.5947	0.25011	0.230	－ 0.1818	1.3711

平均差异比较结果显示，在女性情感自我层面上，月消费为"8000 元以上"的群组对情感自我的感知最强，其他依次为"1000 元以下"群组、"1000~3000 元"群组和"3001~5000 元"群组，"5001~8000 元"群组在情感自我层面上的表现最弱。

二、女性消费者自我概念与化妆品品牌个性关系研究总结

(一) 女性消费者自我概念包含5个层面

在研究回顾部分，笔者阐述了杨晓燕关于我国女性消费者自我概念研究成果（包括其提出的女性消费者自我概念5F模型及测量量表）的代表性，并在实证研究初期，根据专家意见，在保证系统内层面不变的前提下，对每个层面所包含的具体变量加以修订，制定了本研究所使用的女性消费者自我概念量表。对回收样本数据采用验证性因子分析的方法，抽取到5个公因子，说明女性消费者自我概念系统结构中确实包含5个层面，从而证明女性消费者自我概念5F模型具有较强的稳定性，在不同样本的调查中也同样适用。

因子分析的结果对原有模型及具体内容做出了验证，因此笔者认为沿用该学者对公因子的命名是恰当的，即笔者认同在我国女性消费者自我概念中，存在着家庭自我、情感自我、表现自我、发展自我和心灵自我5种成分。为了探寻5种成分之间是否存在关系，笔者采用双变量相关分析方法进行分析，发现女性消费者自我概念系统结构的5种成分中，存在着两对显著相关的成分，如图4-1所示。

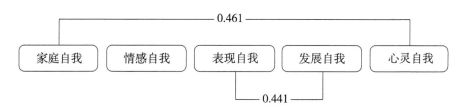

图4-1 女性消费者自我概念内部的相关关系

表现自我与发展自我之间存在显著的正向相关关系，相关系数为0.441，说明自我概念中表现自我比较突出的女性，其发展自我也比较突出。这类女性往往比较注重自己的服饰、妆容、言谈举止等，同样，她们也通过这些媒介向外界展示自己的个性和品位。她们关注时尚并擅长人际交往，在人群中总能引人注目。由于展现个性的需要，这些女性的消费能力较强，对物质财富的欲望也相对明显，优秀的人际交往能力和勇于表现自我的自信也使这类女性更易获得一定的事业成就和社会地位。简单来说，这类女性通过得到社

会认可获得满足，因而其表现自我和发展自我 2 个层面都表现突出。

家庭自我和心灵自我之间存在显著的正向相关关系，相关系数为 0.461，说明自我概念中家庭自我表现突出的女性，其心灵自我也相对突出。当女性的家庭自我充分发展时，其对家庭的依赖感和归属感得到满足，这样的女性便成为被我国社会文化认同和赞赏的"贤妻良母"式女性，此时，这类女性消费者的自我概念系统结构很可能进入一个比较和谐的状态，系统中的心灵自我层面便会得到比较充分的发展，她们不再看重消费享受和物质财富，转而追求内心世界的平衡和宁静。她们往往不会过于在乎他人对自己外在形象的评价，而是有自己的信仰和精神寄托。

（二）化妆品品牌个性存在 5 个维度

在第二章中，笔者基于国内外经典品牌个性量表的内容及开发方法，设计了一套适用于测量化妆品品牌个性的量表工具，通过针对具体品牌开展的问卷调查及对回收数据的因子分析，得到一套包含 5 个公因子、33 个解释变量的化妆品品牌个性量表。5 个公因子即品牌个性的 5 个维度，根据解释变量的特征，分别被命名为高雅出众、低调内敛、成就进取、文艺感性和平和舒适。这 5 个公因子的累积方差贡献率达到 60.604%，被认为能够有效解释化妆品的品牌个性。在正式问卷的样本数据分析中，该因子结构被证明具有较好的稳定性。

第一个公因子聚合了传奇的、权威的、神秘的、奢侈的、时尚的、热爱冒险的、独一无二的、有领袖气质的、勇于创新的、有魅力的、有远见的和有品位的共 12 个因子负荷量大于 0.5 的解释词。这些词很好地描述出化妆品品牌个性的第一维度——高雅出众。化妆品本就是女性用以展现魅力和自我的消费品，因而，用与魅力相关的描述词来解释其品牌个性便不足为奇。这一维度可以有效解释许多高档化妆品品牌的品牌个性。法国奢侈品牌香奈儿创始人可可·香奈儿（Coco Chanel）戏剧性的一生，便为这一品牌镀上了传奇的色彩，同样，香奈儿也是独一无二、时尚、有魅力和有品位等的代名词。

化妆品品牌个性的第二个公因子被命名为低调内敛，其共聚合了 8 个负荷量超过 0.5 的解释词，分别为务实的、平凡的、质朴的、含蓄的、真诚的、正直的、勤奋的和友善的。有些化妆品品牌可能并没有悠久的历史或传奇的创始人，其产品也没有精美奢华的包装和令人咂舌的价格，可这些品牌凭借诚恳的态度、朴实无华的外表和令人信得过的质量及功效，给人留下了"接地气"的印象。国产品牌大宝①的品质和那句"大宝天天见"的广告词就是其朴实亲民个性的最好体现。很多质优价低的开架化妆品品牌都具有这一个性，这些品牌不会带给消费者距离感，往往让人觉得它们正直、真诚而又质朴、友善。

第三个公因子聚合了有智慧的、自信的、独立的、好强的4个负荷量高于0.5的解释词，用成就进取来命名品牌个性的这一维度比较贴切。很多化妆品品牌因其创始人或代言人的个人魅力而体现出这一维度的个性：美国美容界三位女王——雅诗兰黛（Estee Lauder）夫人、赫莲娜·鲁宾斯坦（Helena Rubinstein）女士以及伊丽莎白·雅顿（Elizabeth Arden）女士的女强人气质就被深深印在其开创的同名化妆品品牌上；巴黎欧莱雅（L'ORÉAL Paris）选择巩俐等在演艺圈中独立而强势的女演员作为中国区的品牌代言人，使得品牌也拥有了她们的个性特征。

第四个公因子同样聚合了4个词，分别为娇柔的、浪漫的、细腻的和多愁善感的，它们的因子负荷量全部超过0.6，根据解释词的特征，这一维度被命名为文艺感性。尽管越来越多的化妆品品牌开始着眼于男性消费市场，但从总体上来看，女性消费者仍是多数品牌的目标客户，因而品牌个性中自然也存在着女性特有的浪漫及感性。兰蔻标识上的那一枝用几笔勾勒出的长茎玫瑰、资生堂标识上的那两朵轮廓简洁明朗的山茶花，便是西方浪漫与东方娇柔的完美诠释。另外，很多亚洲化妆品品牌因具有东方女性的古典气质而被认为体现出了文艺感性这一维度的品牌个性，例如我国的佰草集和韩国的兰芝。

化妆品品牌个性的最后一个公因子被命名为平和舒适，该公因子聚合了关爱自然的、热爱生活的、值得信赖的、令人愉悦的和始终如一的5个解释词，它们的因子负荷量均在0.5以上。如今，越来越多的化妆品品牌开始通过产品、服务及文化向消费者传达品牌的宜人性，如以纯天然无污染的有机成分作为产品原料，采用循环再生材料进行朴素简约的产品包装，企业在公益和环保事业方面做出表率等，给人以舒适愉悦、值得信赖之感。雅诗兰黛集团旗下的护肤品品牌悦木之源和英国平价美容保养品品牌美体小铺均体现了这一维度的个性特征。

根据对化妆品品牌个性5个维度之间的相关分析结果，发现高雅出众和

---

① 已于2008年7月被美国强生公司收购。

成就进取之间、低调内敛和平和舒适之间存在高度正向相关的关系，相关系数分别为 0.799 和 0.597，如图 4-2 所示。这说明化妆品品牌在高雅出众这一个性维度上表现突出，那么在成就进取个性维度上也表现突出；同样，在低调内敛这一个性维度上表现突出的品牌，在平和舒适这一维度上也表现突出。

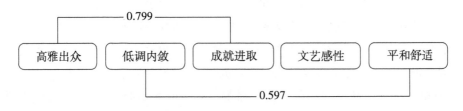

图 4-2　化妆品品牌个性内部的相关关系

（三）女性消费者自我概念与所选化妆品品牌个性存在相关关系

通过对女性消费者自我概念 5 个层面和化妆品品牌个性 5 个维度的相关分析，可以发现，女性消费者在自我认知及对所选化妆品品牌的个性认知上存在相关关系。

家庭自我层面与低调内敛维度的相关系数为 0.383，与文艺感性维度的相关系数为 0.373，呈现显著的正向相关关系，如图 4-3 所示。这说明自我概念中家庭自我表现突出的女性消费者经常购买的化妆品在低调内敛和文艺感性两个品牌个性维度上的表现比较突出。其中，家庭自我与低调内敛的相关系数最高，说明二者的相关性最强，与假设一致。在我国社会文化背景下，"贤妻良母"式的女性形象是被社会认可和接受的。这类女性对家庭的依赖感较强，将家庭的整体生活质量放在个人生活质量之上，因而在消费上对家人的消费和家庭的共同消费比较重视，而对自己的个人消费要求不高。这类消费者在购买化妆品这种私人用品时，选择的品牌具有务实、平凡、质朴等个性，对于这类消费者来说，包装简单、质优价廉的化妆品品牌往往是首选。

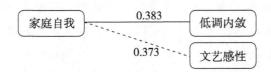

图 4-3　家庭自我与品牌个性的相关关系

情感自我层面与文艺感性维度的相关系数为0.345，与平和舒适维度的相关系数为0.333，呈现显著的正向相关关系。如图4-4所示。这说明自我概念中情感自我表现突出的女性消费者经常购买的化妆品在文艺感性和平和舒适2个品牌个性维度上的表现比较突出。其中，情感自我与文艺感性的相关系数最高，这说明二者的相关性最强，与假设一致。情感自我突出的女性消费者比较关注内心感受，她们往往心思缜密、感情丰富，这类女性通常喜欢饲养宠物，富有同情心，喜欢浪漫、有情调的生活。她们所选择的化妆品品牌具有娇柔、细腻、浪漫的品牌个性，那些包装精致、令人赏心悦目的化妆品品牌，或是气味芳香、成分天然的植物系化妆品品牌会吸引这类消费者。

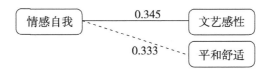

图4-4　情感自我与品牌个性的相关关系

表现自我层面与高雅出众维度的相关系数为0.470，与成就进取维度的相关系数为0.467，与文艺感性维度的相关系数为0.330，呈现比较显著的正向相关关系，如图4-5所示。这说明在自我概念中表现自我突出的女性消费者经常购买的化妆品在高雅出众、成就进取以及文艺感性3个品牌个性维度上的表现均比较突出。其中，表现自我与高雅出众的相关系数最高，说明二者的相关性最强，与假设一致。表现自我突出的女性消费者最大的特点是喜欢通过消费展示自己的个性、品位与生活方式，这类女性往往习惯在人群中凸显自己，她们的个性比较张扬，经常关注潮流与时尚。其选择的化妆品具有高雅出众的品牌个性，具体表现为有魅力与品位、热爱冒险并具有领袖气质等。对这类消费者来说，购买高端的奢侈化妆品品牌往往是其展现品位的最好方式，同时，她们也喜欢那些色彩张扬的彩妆及气味独特的香水。

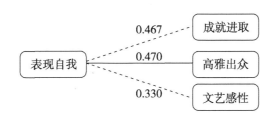

图4-5　表现自我与品牌个性的相关关系

发展自我层面与高雅出众维度的相关系数为 0.345，与成就进取维度的相关系数为 0.431，呈现显著的正向相关关系，如图 4-6 所示。这说明自我概念中发展自我突出的女性消费者经常购买的化妆品在高雅出众和成就进取 2 个品牌个性维度上的表现比较突出。其中，发展自我与成就进取的相关系数最高，说明二者的相关性最强，与假设一致。发展自我突出的女性通常表现出对事业成就和社会地位的向往，她们可能会借助消费来提升自己的社会形象，也可能会通过消费来展示自己已有的财富和成就。这类消费者选择的化妆品品牌具有自信、独立、好强的个性，知名的中高档化妆品品牌是这类消费者的首选。另外，如果品牌的代言人是自信独立的女性，那么该品牌也会吸引这类消费者。

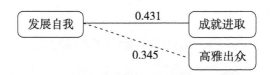

图 4-6 发展自我与品牌个性的相关关系

心灵自我层面与低调内敛维度的相关系数为 0.463，与平和舒适维度的相关系数为 0.369，呈现显著的正向相关关系，如图 4-7 所示。这说明在自我概念中心灵自我表现突出的女性消费者经常购买的化妆品品牌在低调内敛和平和舒适 2 个品牌个性维度上表现得比较突出。其中，心灵自我与低调内敛的相关性最强。心灵自我突出的女性消费者追求内心的平静，并不看重个人财富、社会地位以及消费享受，因此，品牌对其的影响较小。这类消费者购买的化妆品品牌体现出的个性与家庭自我突出的女性消费者购买的化妆品品牌个性比较相似，具体表现为平凡、质朴、友善、含蓄等。这类女性消费者所选的品牌在平和舒适个性维度上的表现也比较突出，她们也会对那些提倡简约和环保、用料安全自然的化妆品品牌产生好感。

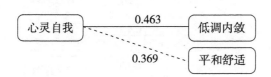

图 4-7 心灵自我与品牌个性的相关关系

（四）人口统计学因素对女性消费者自我概念的不同层面产生影响

本研究采用单因子方差分析的方法对人口统计学因素在女性消费者自我概念系统结构中是否存在显著性影响进行分析。结果表明：女性的年龄、婚育状况、学历及职业状况对自我概念中的家庭自我层面产生显著影响；而女性的收入和消费水平对情感自我层面产生显著影响。

首先，女性家庭自我层面的表现强度因年龄和婚育状况的不同而存在差异。方差分析结果表明，随着年龄的增长，女性家庭自我层面的表现越来越突出；同样，已婚（尤其是已有子女）女性的家庭自我层面要比未婚女性的表现突出。女性学历的不同也在家庭自我层面上体现出差异：女性学历越高，家庭自我层面的表现越弱。而在职业状况上，数据结果显示，自由职业者的家庭自我表现最突出，而外企、跨国公司女性从业者的家庭自我表现最弱。女性到了一定年龄，心理上自发地也好，受外界的影响也罢，大多把"找到好归宿"作为人生的奋斗目标和评价标准，这是我国社会文化赋予女性的独特心理。因此，我国女性消费者自我概念中家庭自我受年龄和婚姻影响大便不足为奇了。女性步入婚姻的殿堂后，她们的家庭自我不断凸显，有了孩子后，女性更是将全部精力放在养育孩子上。但是，我国现代女性的家庭观念正在逐渐发生着变化，越来越多的女性将个人发展和事业成就作为奋斗目标。对于那些受过高等教育、接触过不同文化的女性而言，家庭也许并不是她们人生的重点，因而，这些女性的家庭自我层面较其他人而言表现得并不那么突出。

其次，方差分析结果表明，女性收入及消费水平对自我概念中的情感自我层面存在显著性差异影响。女性消费者的收入水平越高，她们的情感自我层面的表现越弱；而在消费对情感自我的影响上却无规律可循。当今社会，越来越多的女性拥有独立的事业和可靠的收入来源，她们有了物质上的保障后，开始选择以物质需求代替情感需求。她们有些会被贴上"物质主义""拜金主义"的标签，但事实上，这些女性往往没有安全感，对人与人之间的关系缺乏信任，对她们来说，物质反而能给她们带来安全感，这便可以解释为什么很多女性选择做"单身贵族"了。她们在情感上习惯于封闭自己，反而在物质上寻找满足，因而这类女性一般是高消费者。

（五）研究小结

通过对女性消费者自我概念及其与所选购的化妆品品牌个性之间的关系研究，得出以下四点结论。

第一，我国女性消费者自我概念系统存在着 5 个层面，分别为家庭自我、情感自我、表现自我、发展自我及心灵自我。在女性个体中，5 种成分同时存在，但各自的突出程度不同，从而影响了整体的自我概念。在 5 种自我中，表现自我与发展自我相互促进，家庭自我与心灵自我相互促进。

第二，女性消费者自我概念系统是一个动态的系统，人口统计学变量对自我概念的不同层面产生影响，具体表现为：女性家庭自我层面受年龄、学历、婚育及职业状况的影响而存在差异；女性情感自我层面受收入和消费水平的影响而存在差异。

第三，化妆品品牌个性包含 5 个维度，分别为高雅出众、低调内敛、成就进取、文艺感性及平和舒适。5 个个性维度分别包括一系列解释词，它们构成化妆品品牌个性维度量表，如表 4－17 所示。在 5 个个性维度中，高雅出众和成就进取维度之间、低调内敛和平和舒适维度之间分别存在着显著的正向相关关系。

表 4–17　　　　　　　　　　化妆品品牌个性维度量表

个性维度	个性特质词
高雅出众	传奇的，权威的，神秘的，奢侈的，时尚的，热爱冒险的，独一无二的，有领袖气质的，勇于创新的，有魅力的，有远见的，有品位的
低调内敛	务实的，平凡的，质朴的，含蓄的，真诚的，正直的，勤奋的，友善的
成就进取	有智慧的，自信的，独立的，好强的
文艺感性	娇柔的，浪漫的，细腻的，多愁善感的
平和舒适	关爱自然的，热爱生活的，值得信赖的，令人愉悦的，始终如一的

第四，女性消费者对自我的认知及对其经常购买的化妆品品牌个性的认知之间存在如图 4–8 所示的对应关系：家庭自我和心灵自我突出的女性消费

者倾向于选择低调内敛的化妆品品牌；情感自我突出的女性消费者倾向于选择文艺感性的化妆品品牌；表现自我突出的女性消费者倾向于选择高雅出众的化妆品品牌；发展自我突出的女性消费者倾向于选择成就进取的化妆品品牌。

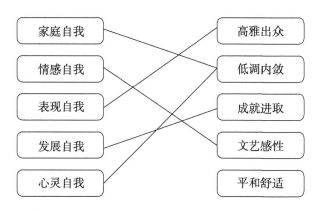

图 4 - 8　女性消费者对自我的认知与对所购化妆品品牌个性的认知之间的关系

三、企业塑造鲜明的品牌个性

（一）企业塑造鲜明品牌个性的重要性

1. 品牌个性为企业品牌战略制定者提供帮助

品牌个性为企业品牌战略制定者提供帮助，使他们能够清晰地了解和掌握消费者对品牌的感知，从而指导营销活动的开展，建立差异化的品牌形象，创建强势品牌。本研究开发的化妆品品牌个性量表为企业研究消费者对品牌个性的感知提供了测量工具，从而为企业制定品牌战略提供了依据。

2. 品牌个性有助于品牌差异化

在竞争激烈的化妆品市场，产品本身在功能属性方面基本类似，如今，大多数的品牌已拥有较完善的产品线，即使存在着如美国化妆品品牌贝玲妃（Benefit）这种一直在产品开发方面寻求"噱头"的品牌，其产品以区别于传统化妆品而闻名，但这类品牌实属少数，大多数化妆品品牌的产品趋于同质化。消费者如果想购买一瓶乳液或一支口红，几乎有无数种选择。因此，仅以功能属性区分品牌对于企业和消费者来说，都变得愈发困难，品牌的象征意义日益成为品牌定位的依据，也成为消费者消费行为的重要依据。在这种情况下，赋予品牌某种人格特征以便凸显其重要性。品牌个性是比品牌形象更深一层的"软性"竞争力，持续一致地塑造出来的品牌个性，既难以被竞争品牌模仿，也难以被消费者忽视。相反，缺乏鲜明个性的品牌，很容易被淹没在同类竞争品牌的海洋中。

3. 品牌个性促进品牌发展

品牌个性以其为消费者提供情感利益和自我表达利益来建立消费者与品牌的深层关系，促进品牌发展。品牌个性能够解释消费者与品牌之间的关系：当消费者对品牌个性有积极正面的感知时，就更容易与之亲近，对其产生依赖并受其影响。具有独特个性的品牌，可以与某一特定价值观建立强有力的联系，并强烈吸引那些认为该价值观很重要的消费者；相反，当消费者不认同某一品牌具有的个性时，自然也会与其拉开距离。消费者也会借助品牌表达自我，一个女性消费者可能通过使用香奈儿的粉饼来告诉他人"我很优雅也很有品位"，也可能通过使用美体小铺的身体乳来传达"我支持环保"的理念。品牌中蕴含的个性越鲜活、越能被大多数人感知，消费者使用这一品牌表达自我就越有说服力。

（二）品牌个性的塑造要关注消费者的自我概念

包括本研究在内的众多消费者自我概念的相关研究成果为企业定位目标消费群体提供了这样一种思路：划分消费者不仅可以单纯地依靠人口统计学的简单特征，更可以深入消费者心理层面，从消费者对自我的不同认知进行消费者的分类。就本研究的对象——女性消费者来说，可以根据她们自我概念中5种成分突出程度的不同而将女性消费者划分为家庭自我型、情感自我型、表现自我型、发展自我型和心灵自我型。本研究发现，不同类型的女性消费者在对化妆品品牌的个性认知上存在差异。这种对应关系为企业针对目标消费者的自我概念塑造品牌个性提供指导。

（1）针对家庭自我型女性消费者。

这类女性在进行化妆品消费时，看重的是产品的"性价比"。她们所购买的化妆品体现出低调内敛的品牌个性。针对这类消费者的产品和品牌策略可以这样制定：化妆品需要兼顾成分与功效，但定价不能过高；不一定有华丽的包装，但要有正规的销售渠道；在广告宣传上着力强调产品的功效，并选择符合我国传统女性形象要求的代言人。

（2）针对情感自我型女性消费者。

这类女性在进行化妆品消费时，看重的是个人情感的满足，产品和品牌需要传达出文艺感性的个性。相关的产品和品牌策略可以这样制定：在化妆品原料的选取上，尽量选择天然的，减少人工合成成分，开发具有柔滑质地和怡人香气的产品；在品牌命名和标识设计方面，要体现出浪漫的元素，这些元素同样要在产品的包装上体现出来；在广告宣传策略方面，可以加入浪漫的故事情节，通过展现女性在使用该产品时获得的情感享受来吸引消费者。

（3）针对表现自我型女性消费者。

这类女性以消费展示自己的个性及品位，寻求具有高雅出众个性的化妆品品牌。针对表现自我型的女性消费者，可以在化妆品的包装和宣传上做功课：产品的包装设计需要引人注目，也可以将品牌标识运用到包装设计中，提高品牌的识别度；选择具有独特个性魅力的品牌代言人，塑造与众不同的品牌个性。

（4）针对发展自我型女性消费者。

发展自我型女性消费者在品牌的选择上与表现自我型消费者存在相似之处，对于表现自我型的品牌营销策略同样适用于发展自我型消费者。值得注意的是，相比表现自我型女性消费者，发展自我型女性消费者选择化妆品时更强调突出"地位"而非"个性"，因而，她们更加在意品牌是否与自己的身份相符。有品位、有质感的产品包装能吸引她们，价格高昂、功效卓越的产品对她们来说是合适之选。在代言人方面，应选择独立自信、果敢强势的现代女性，让消费者找到身份认同。

（5）针对心灵自我型女性消费者。

心灵自我型女性消费者的情况比较复杂，她们可能不在乎品牌的影响力，也可能由于认可某一品牌的某一价值观而成为该品牌的忠实顾客。因而对于这一类消费者，品牌塑造中"硬性"的东西，如价格、包装等的作用不明显，相反，品牌可以在组织文化和价值观上寻求与该类消费者的共鸣。在保证产品基本要素的前提下，品牌可以通过公益事业、环保理念及承担的社会责任来吸引这类消费者。心灵自我型消费者一旦建立起与某一品牌之间的价值联系，往往更容易维持对这一品牌的长期忠诚。

（三）用品牌故事讲述品牌个性

品牌需要故事，品牌故事是强化消费者的品牌认知、增强品牌吸引力的重要载体。一个受众体验良好的品牌故事必将强化消费者对品牌的认知和好感，提高品牌的美誉度。良好的体验和形象是获得良好传播效果的重要方法，品牌故事正好具有这两个特点。

美国著名学者 B. 约瑟夫·派恩与詹姆斯·H. 吉尔摩在其合著中指出，体验式经济时代已来临，从此"体验经济"的提法引起了人们的广泛关注。精心设计的用户体验是一切优秀产品的灵魂。商品是有形的，服务是无形的，创造出来的体验是令人难忘的。体验经济时代的来临不仅带来经济特征、企业生产方式的改变，也改变了消费者的消费方式，给企业的价值观、企业管理以及生产经营活动的更新带来了新思路。

用户体验设计的核心是研究人在特定情境下的心智模型和行为方式，然后顺应和利用它们。以体验式思维设计品牌故事是通过架构品牌故事信息去影响消费者的主观体验，进而影响消费者的决策而达到商业目的。

以体验式思维为正确的人设计正确的故事，解决真正的问题，是品牌做出正确决策、打造消费者真正需要的品牌故事的基础。体验式思维能在品牌管理和品牌体验设计之间建立卓有成效的关系。体验式思维是新经济时代品牌建设的核心思维。

1. 品牌问题定义

思考品牌故事前，应该首先回答下列问题：我们能解决什么问题？我们在为谁设计？我们为什么这么做？我们要如何做？我们要实现什么？只有这样，思考才有意义。

品牌问题定义有助于设计成功的故事。定义消费者问题，回答了"我们能解决什么问题"；定义目标受众，回答了"我们在为谁设计"；定义解决方案，回答了"我们要如何做"。当解决方案适合发现的问题时，品牌故事才会有意义。这个解决方案描述了如何解决问题，也定义了品牌故事用户体验的核心。一个合适的问题解决方案对于品牌故事的成功来说非常关键。英特尔的品牌故事核心原来是"一个制造晶片的公司"，后来改为"一个以科技引领未来的企业"。宝洁的品牌故事核心是"改善全世界消费者的生活，不仅是现在，还有他们的子孙后代"。这些故事在说"我是谁""我能为'你'带来什么价值"等，简洁、清晰，并成为品牌的理念。

对品牌故事本身的思考，有助于开发人员理解作为一个整体的品牌故事的用户体验，从而处理真实的用户问题，并由此减少所生产的产品没有人需要的定位风险。品牌问题定义的方法很多，如图4-9所示，如何对这些方法进行选择，应视研究目标而定。

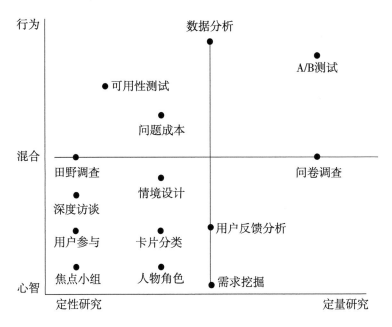

图4－9　品牌问题定义的方法

2. 信息架构

信息架构是品牌故事所呈现的信息层次。信息架构构建和组织品牌故事的内部网络。品牌故事的信息架构策略包括对前面问题定义的信息管理与整合、组织故事系统、元件定义、深层系统设计等。

用体验式思维开发品牌故事的信息架构策略采用 TACT 方法：思考（Think）、表述（Articulate）、沟通（Communicate）、测试（Test）。思考是指把研究资料和定义的信息转变为创造性的观念；表述指脑图、情境、隐喻、情节、框架图等；沟通指信息架构报告、演示、互动、头脑风暴等；测试指封闭式卡片分类、品牌故事原型等。

信息架构是为了明确品牌故事可以解决什么问题、由哪些部分组成、它们之间的逻辑关系是什么等。表达信息架构最好的方法是脑图，如图 4－10 所示。

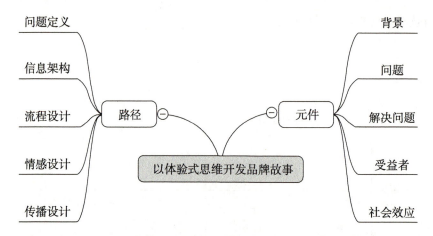

图4-10　用脑图展示以体验式思维开发品牌故事的路径及元件

信息架构可以让受众在一定的"信息规划"下，更容易地找到品牌希望他们接触的"东西"。企业通过信息架构设计去教育、说服、告知用户，以实现品牌故事目标。

3. 流程设计

在这里，流程设计是指开发品牌故事的操作流程，从时间的角度上规定了开发过程中各个环节之间的关系，如图4-11所示。

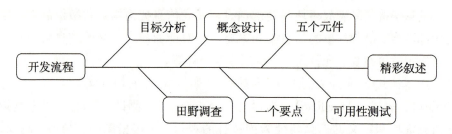

图4-11　以体验式思维开发品牌故事的流程

（1）目标分析。

通常情况下，故事蓝本与如下三个问题相关：品牌的竞争环境如何？品牌的目标群体是谁？品牌的组织能力如何？将这三个问题的答案结合在一起，就构成了品牌故事的中心内容。这个中心内容一定要简约、可信。

（2）田野调查。

田野调查可以使研究人员、开发人员、品牌管理者、品牌创始人及销售人员听到能够体现品牌个性的有关故事，将这些故事后一一遴选后，最终确定能向消费者表达企业最想让消费者知道的信息。

（3）概念设计。

根据企业或组织的真实情况创造出一个简约、清晰而又可信的故事，以此为理念激励企业；以令人信服的方式把品牌故事讲述出来。企业无论是诉说故事、演绎故事，还是摘录故事，故事一定要可信，要让消费者认为故事是真实的。只有这样，他们才会将故事的可信性和企业、产品、品牌联系起来。这个故事将成为企业的清晰理念——是一个企业存在的根本原因，是激励企业和团结员工的内在精神。

（4）一个要点。

企业都希望向外界传达自己的丰富性、多元性，但企业要在市场竞争中获胜，需要用简单明了的表述告诉受众"我是谁？为了谁？我有什么价值？"数据显示，60%的消费者愿意为创造简约体验的品牌支付更多的费用。

品牌故事的简约是指品牌与消费者的互动协同与竞品相比障碍更少，更有优势。所有的品牌都需要简约的品牌信息，所有的品牌都需要用清晰、诚实的方式来表现自己。界定一个品牌的定位是否成功的原则是它是否与利益相关者建立起了联系，是否能传递出用户体验好的有用的概念。

（5）五个元件。

品牌故事这个"产品"需要五个元件构成，即背景、问题、解决问题、受益者及社会效应。先进行背景分析，然后确定在这个背景下有什么冲突，将以什么样的方式解决问题，受益者的反应如何，会造成什么样的社会效应。

（6）可用性测试。

通过可用性测试尽早发现问题，通过解决问题提高受众对品牌故事的满意度，降低开发风险。在可用性测试中也有访谈，但这一访谈与前面"品牌问题定义"中的深度访谈不同的是，可用性测试是先观察用户的心智模型，再通过访谈得到测试中问题的答案，重点关注现象背后的原因。

通过定量研究和定性研究，了解受测者的需求、行为和想法，以及接触品牌故事时的接触点。

把受测者对品牌故事的体验制作成图表。具体内容会因为品牌的不同而有所区别。比如，受测者接触品牌故事后的想法、行为如何，接触的痛点有哪些，品牌故事的机会有哪些等。

将图表上的各个分散的点连成线。

测试结束后，进行整理，必要的时候，可以用录音或者录像的方式来辅助。撰写测试脚本及总结大纲，根据大纲整理内容。大纲要具有灵活性，要记录测试时发现的新问题。

汇总出一份具有可用性的测试结果，根据这份结果进行相应的改进工作。

（7）精彩叙述。

围绕主题，进行精彩讲述。在适当的时机进行传播，大声讲、反复讲，直到目标消费群体认同品牌故事，让品牌故事在受众心目中留下深刻印象。

要通过具体的营销传播活动不断地放大传播品牌故事。在传播过程中，切记不要生硬和牵强，要水到渠成地通过合适的场合、载体传播，如通过新品发布会、设计师专访、周年庆典、产品展览、重大公益活动等自然地把品牌核心价值传递出去。

4. 情感设计

"故事的情感价值 + 产品的物理价值 = 品牌价值"，这是品牌故事的溢价模式。用户体验设计理论强调以用户为中心的情感设计。情感设计是产品开发的概念与方法，主张设计应将重心置于用户体验上，使用户根据现有的心理习性，自然地接受产品，而不是强迫用户重新建构一套心理模式。体验式经济时代的品牌故事更要重视情感设计，要让消费者感到愉悦，感到品牌有价值，要触动消费者的情感。

（1）形态的情感化。

形态一般是指形象，可以被理解为产品的表情因素。在这里，形态指品牌形象和品牌故事表达方式的结合。

品牌故事的功能包含审美功能、文化功能等。开发者利用品牌故事的特有形态来表达品牌形象及价值取向，让受众从情感上与品牌产生共鸣。

（2）特质的情感化。

真正的设计是要打动人的，它能传递感情、勾起回忆、给人惊喜。只有在品牌故事和受众之间建立起情感的纽带，通过互动影响受众对品牌的满意度和认知等，才能使受众对品牌形成好感，提高对品牌的忠诚度。品牌理念是情感的代表或者载体。

（3）传播的情感化。

巧妙的传播方式会给人留下深刻的印象，给受众带来愉悦感，得到用户的青睐。

随着人们消费需求的不断升级及市场竞争的日益激烈，感性心理需求受到了前所未有的关注，消费者的需求正向着情感互动层面的方向发展，形成了一种开放式互动经济形式，这一形式主要强调商业活动给消费者带来的独特的审美体验。

5. 传播设计

（1）信息传播。

移动互联网的快速发展让品牌的建设和传播有了不同于以往的新面貌和更多的想象空间，但也因为这种速度带来的信息爆炸和人们对品牌接触点的增加，品牌建设和传播比以往更难，且品牌更容易被人们遗忘。所以，好的品牌故事必须有生命力，必须与人们的生活联系密切。以 SAP（System Applications and Products）为例，它是德国的一家软件公司，与普通消费者联系得似乎较少，SAP 在开发品牌故事时希望把品牌故事更加精练、动人地传达出去，告诉客户自己的企业软件能让企业的业务简化、运营更高效。经过问题定义，SAP 以"复活节"关联品牌故事：孩子们都很喜欢复活节，因为在这一天，可以拿到很多巧克力。SAP 在讲品牌故事的时候就巧妙运用了这个节日。世界上约85%的可可企业使用 SAP 的软件来维持经营运作，如果 SAP 软件消失，这些企业就没办法运作，孩子就吃不到巧克力了。品牌故事的讲述使人们意识到，SAP 和人们的生活密切相关。

（2）传播渠道设计。

品牌故事被创作出来后能传播出去吗？能有效地传播吗？能传播给目标消费群体吗？这就需要企业的相关人员在进行故事创作策划时，一定要考虑好如何传播故事，是线上线下结合的互动式传播，还是植入式传播等。品牌故事是"讲"出来的，目的是激起受众的购买兴趣，使得包括目标消费群体在内的受众加深对品牌的印象，对品牌形成好感并信任品牌，达到良好的品牌传播效果。

用体验式设计方法开发品牌故事是以目标消费群体为中心，在开发者精心构筑的信息架构与流程设计中，发现蕴藏于品牌深层的受众体验，从而令品牌故事传播的过程成为受众与品牌之间进行思想交融、心智对话以及情感交流的过程。

第五章　消费者感知与化妆品品牌塑造

一、消费者的感知研究

消费者感知（Consumer Perception）来源于消费者心理学和消费者行为学研究领域，这一概念属于消费者认知（Consumer Recognition）过程这一大的概念体系。消费者感知是认知过程的起始环节和基础部分，主要包括消费者感觉和知觉行为。

罗子明（2017）在《消费者心理学》一书中对消费者感知做了阐述，他认为消费者感知包括消费者的感觉和知觉，是客观事物在人脑中的主观印象，是消费者对外部商品或服务及相关行为的整体感觉或总体印象；消费者感知与外部刺激因素相关，也带有一定的主观性，消费者感知是品牌与消费者长期互动的结果。[①] 迈克尔·R. 所罗门，卢泰宏（2006）在《消费者行为学》中认为，消费者感知是消费者根据自身对产品的需求状况和不同使用目的，综合分析从各个渠道获得的相关信息，对服务或产品做出的带有一定主观性的评价。消费者行为专家亨利·阿塞尔将消费者感知定义为：消费者对商品或服务的相关信息进行选择，并结合自身需求解释加工的过程。陈铁民（1993）在其论文《信息加工认知心理学述评》中分别阐释了感觉和知觉，他认为知觉在感觉的基础上进行加工，但通常情况下二者是相随发生的，不会割裂。

上述相关研究系统地阐释了消费者感知的内涵，简言之，消费者感知就是消费者的感觉和知觉，是消费者对外部商品或服务及相关行为的整体感觉或总体印象。事实上，消费者感知的内涵不限于我们理解的感觉和知觉，这要追溯到后来研究者们探讨的消费者感知的几个方面——质量感知、价值感

---

① 罗子明. 消费者心理学［M］. 北京：清华大学出版社，2017：81 –83.

知及风险感知，而这些与品牌主张和承诺密切相关，因而，消费者感知的深层内涵将在后文消费者感知与本土化妆品品牌塑造互动模型中予以阐释。

消费者感知的具体应用研究有《基于消费者感知的特色农产品品牌形象研究》《基于消费者感知价值的品牌忠诚研究》《基于顾客价值的消费类会展品牌塑造研究》《基于消费者感知的价格促销策略研究》等。消费者感知为品牌研究提供了一个研究角度，起到联系消费者、与消费者沟通的重要作用。

二、消费者感知与品牌塑造的互动关系

（一）消费者感知是消费者与品牌互动的桥梁

正如美国西北大学教授、营销学大师菲利普·科特勒认为的那样，品牌已经不仅是一个名称、术语和标记，而且是品牌拥有者向消费者承诺的利益和服务的总和，品牌是质量的保证，除此之外，品牌可以表达以下六方面的意义：①

①属性：代表某一品牌的产品有哪些性质，提供何种功用。

②利益：品牌对消费者承诺的或物质或精神方面的利益。

③价值：品牌展现企业形象和传递企业价值观。

④文化：品牌起源或根植于一定的文化背景，或者展现、代表一种文化。

⑤个性：与其他品牌相区别的特色，如人的个性一样。

⑥使用者：选择购买这一品牌的具有共同特质的消费者。

品牌自身承载了这么多意义，那么消费者是如何感知、又是从哪些方面去感知一个品牌的呢？

感知由感知质量、感知价值和风险感知三部分构成。感知质量是指消费者对产品或服务质量的主观态度与评价。一般情况下，消费者从价格和服务两个角度对品牌展开评价，但在实际评价过程中，价格通常是衡量感知质量的一项较重要指标，因而价格对于消费者感知质量而言，异常关键。

感知价值是消费者对产品或服务的价值评价，具体包括功能利益和情感利益，但由于利益需求不尽相同以及其他个人因素的影响，评价带有一定的

---

① 邹玥名．中国奢侈品品牌塑造与发展战略研究［D］．重庆：重庆工商大学，2009.

主观性①。Shen（申，2005）等人认为从消费者的角度而言，消费者感知价值由 5 个维度构成，即社会价值、情感价值、功能价值、认知价值和条件价值②。申等人的研究具有开创和奠基意义，之后，一些学者在这 5 个维度的基础上或扩充或精简相关内容，根据不同情况，根据每个模块的重要性程度有所取舍。科特勒（1999）认为消费者感知价值由产品价值、服务价值、人员价值和形象价值 4 个方面组成。与其他研究者不同的是，科特勒提出了消费者成本概念，他认为消费者在考量产品价值时也会衡量自身付出的成本，比较之后做出选择。2001 年，帕克和科特勒进一步研究后，将品牌感知价值分为功能性价值、象征性价值和体验性价值，即消费者从某一品牌的产品提供的功能、其内在的象征意义及消费时的体验 3 个方面对不同品牌形成差异化感知③。这一分类方法较概括，在划分时和实际操作中更灵活，也是国内学者借鉴较多的划分方式。

以上学者虽然对感知价值的划分和表达方式不同，但都表明了品牌提供给消费者的价值承诺。笔者借鉴帕克和科特勒关于感知价值的分类，在接下来的研究中，从这 3 个维度出发，研究本土化妆品品牌带给消费者的功能、情感及体验方面的价值。

风险感知，顾名思义，就是消费者对产品或服务感知到的潜在的风险，以及这些风险可能给自己某方面带来损失，或是金钱方面的，或是使自己不愉快，或是自己的功能需求得不到满足。风险感知与上述感知质量和感知价值的具体感知对象几乎相同，不同的是，感知质量和感知价值强调感知到获得与满足，风险感知强调感知到风险与损失。

消费者感知是企业或产品与消费者相连接的桥梁与纽带，消费者是品牌塑造的重要利益相关者。每次消费过程，都是消费者与品牌互动、相互作用的过程，在这一过程中，消费者感知形成，并影响消费者对品牌的态度和行为。通过接触或其他方式，消费者获得化妆品的相关信息，从价格、服务、功效、品质、成分、情感体验、品牌个性、他人评价等方面对化妆品做出评价，勾勒出某一化妆品的品牌形象，指导自己的行为。本土化妆品通过品牌与消费者的互动，获得消费者感知，在此基础上优化品牌，使消费者对本土化妆品各个方面的评价得以提升，进而获得消费者的认同。

---

① 董雅丽，何丽君 . 基于消费者感知价值的品牌忠诚研究［J］. 商业研究，2008（11）：188.

② 同①.

③ 同①.

（二）品牌是企业对消费者的承诺

品牌价值实现的最终承担者是消费者。企业、消费者分别处于一个消费过程的两端，二者关系密切，彼此互动，推动市场发展；品牌是联系企业与消费者的重要元素，是企业对消费者的重要承诺。

品牌通过将名称、术语、标志或设计进行组合，来与竞争对手进行区分。品牌既是企业的资产，也是企业对消费者的承诺。从消费者角度来看，品牌远远超过它的名称或标识元素，它是消费者在考虑购买和使用品牌时，所进行的包含观点、属性等在内的全套的消费体验；最近几年，这种观点使得品牌被赋予了更广泛、更动态的意义，在品牌及其与消费者关系的构建中，人们更倾向于以消费者为中心[①]。品牌已经不再拘泥于简单区别商品特征或是服务，而更多地考虑创造消费者价值：价值是否是实际的和可感知的，是否可以通过传播行为达到传播效果，最重要的是在市场中实现这些"独特感知"。

在迅速发展的商业环境下，消费者成为决定品牌命运的主体。

首先，进入营销4.0时代后，消费者的观念正在发生变化，从"功能式"消费到"品牌式"消费，再到"体验式"消费，甚至有人认为如今已经进入"参与式"消费阶段，消费者与品牌的关系日益密切，消费者与品牌进行交互活动，甚至参与品牌建设[②]。其次，消费者的自我意识强烈。品牌和媒体已经无法控制所有的品牌体验和传播资源，以往的一些传播理念和方法正受到消费者自我意识的挑战。这是一个人人都有麦克风的时代，每个消费者既可以是信息接收者，也可以是信息传播者，尤其是在化妆品行业，消费者口碑是影响消费者选择和品牌形象的重要因素。作为当今消费主体的年轻一族，更强调自我尊重、个性释放和张扬，在选择化妆品品牌时也自然有他们的想法。品牌要想使传播效果最优化，必须重视消费者体验，在合适的时机进行引导。

以保洁公司为例，意识到消费者的重要性后，保洁公司在进行品牌开发时将消费者诉求融入其中，并且请消费者参与到品牌创建中来。数据显示，消费者参与创新计划对保洁的营业收入贡献率达到35%，公司的一些知名产品就是公司和消费者共同开发的，如玉兰油天然凝萃美肌系列。保洁研发技术中心邀请了几位18~25岁的年轻女士参与这一系列产品的研发。当时，这款产品既要

---

① 舒尔茨，巴恩斯，阿扎罗，等.重塑消费者：品牌关系［M］.沈虹，郭嘉，王维维，等译.北京：机械工业出版社，2015：9.

② 刘红菊.化妆品品牌策划与创意［M］.北京：人民邮电出版社，2015：13.

考虑这个年龄段的女性大部分刚刚开始工作，价格应与其消费能力相匹配，同时又希望能够加入草本元素使美肤效果最大化。于是，研发者收集目标消费者的意见，并将这些意见和需求通过技术手段予以实现，研制出新的配方。在测试阶段，研发人员在产品的颜色、透明度、散发的香味等每个细节上都反复倾听消费者的反馈，掌握消费者的一手资料，在此基础上对产品进一步改进与完善，最终做出了理想的产品。产品一经推出就成为目标市场上的强势品牌。

　　综上所述，一个企业对品牌进行塑造时，会综合考虑各个方面的因素，如研究外部整体竞争环境，评估自身的潜力或优势、品牌或者各产品线的发展状况，以及分析当前的政策倾向等，但是在当今以消费者为重要主体的传播环境下，消费者已然成为重中之重，没有消费者，品牌诉求和传播就没有导向和落脚点。因此，企业进行品牌塑造时，消费者成为必然的考量因素，而消费者感知，不管是人们理解的消费者对品牌的表面意义上的感觉和印象，还是其深层意义，即品牌传播研究领域的消费者感知，都是消费者结合自身需求和体验从品牌感知质量、感知价值及风险感知 3 个方面对品牌的价格、质量、服务、情感体验、功能、个性等不同角度做出的综合性评价，都对本土化妆品品牌的塑造具有重要意义。所以，本文选择基于消费者感知这样一个角度，将品牌塑造与消费者联系起来，一方面站在消费者的立场上，了解消费者的需求和评价，另一方面站在品牌的立场上，通过品牌塑造建立新的品牌承诺以期契合消费者的期待，达到品牌和消费者互惠共赢的效果。

（三）消费者感知与本土化妆品品牌塑造互动模型

　　本土化妆品品牌塑造的目的是树立全新的品牌形象，实现良好的传播效果。围绕新闻传播学科的"传播—反馈"这一核心要义，本土化妆品品牌塑造的关键环节是面向大众的品牌定位、品牌设计、品牌传播等，效果评估环节不予讨论。

　　消费者感知从感知质量、感知价值和风险感知 3 个方面展开。感知质量主要以价格和服务为参考指标；感知价值则从功能性价值、象征性价值和体验性价值 3 个维度评价；风险感知则是消费者对感知质量和感知价值获得与成本之间的比较评价。

　　品牌塑造的 3 个环节，即品牌定位、品牌设计、品牌传播等所包含的价格、功能、质量、成分、品质等因素与消费者感知相对应：消费者通过这些因素来评价品牌，品牌则通过这些因素来与消费者沟通。

第六章 消费者对化妆品品牌感知的调研

在前一章理论分析的基础上，这一章主要介绍调研指标、设计问卷等内容，通过预调查和访问优化设计，最终收回有效问卷并进行数据统计，分析消费者对化妆品品牌感知的数据，为本土化妆品品牌塑造提供参考。

一、消费者对化妆品品牌感知的调查问卷设计

参照 Ahonen（阿霍宁，2008）的品牌塑造模型及消费者感知的组成，即消费者感知与本土化妆品品牌塑造互动逻辑模型，确定如图 6 - 1 所示的维度和相应指标。

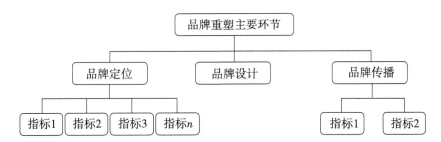

图 6 - 1 本土化妆品品牌塑造维度和指标设计模型

为了保证设计的科学性与合理性，在调查前期，本研究通过访谈交流的形式获取专家和部分消费者的意见，完善相关维度和指标的选择。

访谈内容提纲如下：

a. 您对本土化妆品有什么样的印象？

b. 您知道哪些本土化妆品品牌？

c. 选择化妆品时，您会考虑哪些因素？

d. 和国外品牌相比，本土化妆品品牌的劣势有哪些？

e. 如果让您参与本土化妆品品牌的塑造，您会如何改进？重点改进什么？

此次访谈将访谈对象分为两组：一组是化妆品品牌传播的专业研究者，以期通过访谈获得他们的专业指导；另一组是普通的消费者，以访谈的形式获取他们对本土化妆品的印象与评价。

对化妆品品牌传播的专业研究者的访谈围绕比较宏观的塑造方向与策略展开，获得了以下主要信息：一方面，本土化妆品品牌应该有自己的特色，要特别重视本土化妆品品牌内涵和品牌文化的塑造，在品牌传播环节要加大传播力度、创新表现手法；另一方面，本土化妆品品牌塑造需要从品牌定位、品牌设计、品牌传播等各个环节抓起，是全方位的。

对普通消费者的访谈主要围绕对本土化妆品的印象、评价、了解程度等几个方面的内容展开。

访谈案例实录（普通消费者）如下。

问题1：您对本土化妆品有什么样的印象？

回答：廉价，不敢使用，不知道品质有没有保障。

问题2：您知道哪些本土化妆品品牌？

回答：佰草集、自然堂、卡姿兰。

问题3：选购化妆品时，您会考虑哪些因素？

回答：品牌和价格，我只买贵的，价格高会让我觉得可以信赖。

问题4：和国外品牌相比，本土化妆品品牌的劣势有哪些？

回答：本土化妆品品质差，平时看到的广告内容、代言人都让我觉得本土化妆品水准比较差，和国外品牌存在很大差距。

问题5：如果让您参与本土化妆品品牌的塑造，您会如何改进？重点改进什么？

回答：包装，化妆品本身就是一件艺术品，为每个人创造美的想象空间，包装要好看一些，才会吸引人；广告策划和代言人的选择，应该像国外品牌那样，广告要有内涵、有底蕴，代言人的自身气质要与品牌个性相符；专柜方面，本土品牌要有自己的专柜，并且要在专柜上下功夫，比如优衣库在法国把专柜开到路易威登的对面，那么，试想一下，将本土化妆品品牌专柜开在香奈儿和迪奥之间会是一种什么样的效果；品牌理念也是我比较看重的一部分。

结合前文的理论分析、品牌塑造的三个重要环节，以及调查访谈，笔者将品牌定位、品牌设计、品牌传播确定为调查设计的主要维度，然后进行相关的指标设计。

不同的品牌定位角度有不同的定位方法和参照因素。黄静在《品牌营销》一书中认为，品牌定位可以通过目标顾客、顾客需求、品牌利益、原因、竞争性框架以及品牌特征来描述①。这一定位方法较全面，但没有针对性。余伟萍在《品牌管理》一书中认为，品牌既可以从企业视角定位，从顾客利益视角定位，也可以从产品利益角度定位，从消费群体、竞争次序、文化、情景等角度定位②。不同视角的品牌定位有各自的依据，但具体的参照因素会有交叉。菲利普·科特勒提出了品牌6要素理论，依据这一理论的品牌要素定位法，对品牌的属性、利益、价值、文化、个性、使用者6个方面分别定位，是一种要素齐全、划分简单、适用范围较广的定位方法。因而，本研究在品牌定位上，将品牌的属性、利益、价值、文化、个性、使用者作为重要调查指标。属性方面主要是产品价格与服务；利益主要包括化妆品的功能利益和情感利益，前期的调查研究显示，功能利益即化妆品的功效与成分，是本土化妆品在品牌定位和塑造时应当予以重点关注的方面，因而本研究也针对功效进行了问题设计与调查；文化与个性方面主要为化妆品理念内涵、个性特色；化妆品品牌使用者主要包括消费者年龄、消费群体、消费观。

作为品牌外在体现的品牌设计是品牌和产品完美呈现的重要环节。优秀的品牌设计会让人眼前一亮，个性独特的品牌设计会给消费者留下深刻的品牌印象，确立自己的显著特征。刘红菊在《化妆品品牌策划与创意》一书中认为，化妆品品牌设计主要包括包装设计、宣传册设计、网站设计，这是少数从化妆品品牌设计角度做出的针对性分析。这里结合上述角度及生活实践，将外观设计，品牌包装，官方网站（简称官网）、宣传册设计，专柜、商超、店铺陈设，整体风格特色作为化妆品品牌设计的调查指标。

酒香不怕巷子深？在信息爆炸、瞬息万变的今天，在品牌产生、消亡急速变化的时代，酒香也怕巷子深！大浪淘沙，有多少品牌"默默无闻"、无人问津，在产品日益同质化、品牌竞争激烈的大环境下，本土化妆品牌必须"毛遂自荐"，将自己推销出去，品牌传播环节的重要意义不言而喻。罗子明认为，品牌传播媒介包括传统媒介、网络媒介、公关活动、会展活动、事件营销、促销活动、体育运动会③。余伟萍认为广告与传媒、销售促进、公共关系、人员推销是品牌传播的四大法宝。唐·E. 舒尔茨提出了整合营销传播策

---

① 黄静. 品牌营销 [M]. 2 版. 北京：北京大学出版社，2014：26.
② 余伟萍. 品牌管理 [M]. 北京：清华大学出版社，2007：57.
③ 罗子明. 品牌传播研究 [M]. 北京：企业管理出版社，2015：148.

略，该策略成为 20 世纪初学术研究和商业实践采用最多的传播形式之一。随着互联网与移动媒体的崛起，借助新媒体平台的传播形式的作用越发突出。笔者综合以上研究者提出的传播方式，结合时代特征和本土化妆品品牌实际，将消费者日常接触的广告、品牌赞助、新媒体宣传、品牌促销活动等 6 项指标作为调查因素。从广义上讲，传统的专柜（商超、专卖店），在互联网背景下建设的品牌官网、O2O（线上到线下）平台也可以传播品牌，但前期访谈结果显示，消费者更容易将其理解为购买渠道，所以将这几项设为购买渠道选项另做调查。

综上所述，本研究将化妆品品牌定位、品牌设计、品牌传播 3 个维度共计 20 项二级指标作为调查消费者感知的因素，如表 6 – 1 所示。

表 6 – 1　　　　　　　　　化妆品品牌消费者感知调查因素

一级维度	二级指标
品牌定位 （Brand Positioning）	P01. 价格
	P02. 功效
	P03. 成分
	P04. 质量
	P05. 消费体验
	P06. 使用者（消费者年龄、消费群体、消费观念）
	P07. 价值（价值观、品质）
	P08. 文化（理念内涵）
	P09. 个性特色
品牌设计 （Brand Design）	D01. 外观设计
	D02. 品牌包装
	D03. 官网、宣传册设计
	D04. 专柜、商超、店铺陈设
	D05. 整体风格特色
品牌传播 （Brand Communication）	C01. 广告
	C02. 品牌赞助
	C03. 新媒体宣传（微博、微信、社区、论坛）
	C04. 品牌促销活动
	C05. 品牌传播活动（公益行为、其他社会活动）
	C06. 事件营销活动

最终生成的调查问卷（见附录 4）主要由三部分组成。第一部分调查被调查者的基本信息，主要包括性别、年龄、所在城市、学历及态度调查等。

了解这些内容，以便在数据分析时作为参照轴使用。第二部分是问卷最重要的部分，采用 5 点尺度评价制调查被调查者对相关调查指标的评价，在此基础上分析对比相关调查指标的重要性。第三部分是被调查者对本土化妆品品牌表现的评价，借此来了解本土化妆品品牌的不足及塑造时应该重点改进的方面。

二、调查方法与流程

本次调查的目的是通过调查获取消费者对本土化妆品品牌的感知与评价，从中发现问题，并为本土化妆品品牌塑造提出对策。调查的主要客体是本土化妆品品牌，大学生、白领阶层、工薪阶层以及其他有经济能力的年轻族群是化妆品消费的主要群体，因此，他们也就成为本次调查的主要对象。

从研究的科学性方面来讲，本次调查应该面向广大的消费者，覆盖较广的群体和范围，然而限于当前的实际条件，调查人员没有足够的时间和精力去做大范围的调查，因而，综合各方面的因素，调查范围以北京、太原为主。

设计完调查问卷后，调查人员选取了 20 名消费者进行预调查，这 20 名被调查者包括专业的品牌传播研究者、无相关背景的普通学生、中青年白领以及专柜的现场消费者。经过预调查，一方面，对相关题目的描述进行了修改，尤其是一些专业性名词，听取被调查者的意见后改变表达方式并进行必要的解释备注，使其简单明了，进而方便被调查者阅读与填写；另一方面，对题目的顺序和题型进行了微调，从而使题目与题目之间更有相关性和逻辑性，也使整个问卷规范科学。最终，形成了正式的调查问卷。

接下来的调查主要采取网络问卷调查和现场拦访两种形式，并在调查交流中获取和记录消费者的中肯评价与有益建议。

（一）问卷发放与样本情况

经过前期的准备，正式问卷的发放从 2016 年 11 月中旬开始，至 2017 年 1 月 20 日结束，从发放到回收历经 2 个多月的时间。本次调查共发放问卷 325 份，收回 325 份，经过筛选，最终有效问卷共 300 份。其中，实地调查发放问卷 195 份，收回有效问卷 180 份，借助问卷星平台发放问卷 130 份，收回有效问卷 120 份。

实地问卷调查与发放以北京和太原为主。北京的被调查者主要是在校的本科生与研究生，包括化妆品专业的学生，以及西三环商圈一些商铺的经营者与消费者，包括化妆品专营店的销售人员，服装店、餐厅的店员及其他行业的从业者。非常幸运的是，本次调查得到了北京日化协会工作人员的帮助与支持；同样值得一提的是，在调查走访中，调查人员得到了多个化妆品公司的帮助，如一家集产学研于一体的本土化妆品公司和一家以销售代购全球化妆品为主营业务的电商企业，这两家公司的员工很友好地配合了此次调查，填写了一定数量的问卷。另外，调查人员对甘家口商场和西单大悦城的消费者进行了调查，最终在北京发放160份问卷。太原地区的调查人员对进入北美新天地购物商场的35名消费者进行了拦访调查。

调查人员借助问卷星调查平台开展了网络调查。网络调查范围不像实地发放问卷那样集中在北京和太原，而是相对分散一些，包括太原、大同、忻州、临汾、天津、南京、成都、深圳、广州、杭州、无锡、银川等多个城市和地区。最终发放网络问卷130份。

（二）问卷回收筛选

相继收回问卷后，调查人员对问卷进行了甄别与筛选。现场发放的纸质问卷共收回195份，其中大量空白的问卷、所勾选项几乎全部一样的问卷以及回答明显矛盾的问卷被视为无效问卷，共计15份，有效问卷共计180份。问卷星平台收回的问卷，一方面通过填写时间筛选，将填写时间少于150秒的全部列为无效问卷，另一方面通过对问卷样本进行查阅剔除了所勾选项几乎全部一样的问卷，最终问卷星平台收回有效问卷120份。本次研究的有效问卷共300份，有效问卷回收率为92.31%。具体情况如表6-2所示。

表6-2　　　　　　　　　　问卷发放与回收情况

调查方式	发放量（份）	回收量（份）	有效问卷（份）	有效回收率
实地发放	195	195	180	92.31%
网络调查	130	130	120	92.31%
总计	325	325	300	92.31%

（三）信度分析

信度，通俗地讲就是调查的可靠性。通常情况下，一项调查中，当使用同一指标或测量工具进行数据调查时，为了保证调查的可靠性，需要检验某一调查结果的一致性是否科学有效，信度分析即源于此。Cronbach's Alpha 系数是最常用的检验标准。一般认为，信度系数值为 0~1，越接近 1，信度越高。如果信度系数值在 0.9 以上，则信度极高；若低于 0.7，则需要修订或抛弃某些项目。

这次的调查问卷在设计上存在一些特殊性，问卷第二部分的影响因素重要性调查，为了便于被调查者理解，在问卷题目上进行了一些调整，在影响因素（从消费者角度而言）方面新增了"品牌""亲友或其他消费者推荐""品牌宣传"3 个题项，所以第二部分的实际调查题项为 23 个，因此这一部分对这 23 个题项做系数值分析。本土化妆品的品牌表现评价则为 20 个题项。总体上这里分析这两部分的信度，如表 6-3 所示。这两部分的系数值都大于0.9，故保留全体调查项目。

表 6-3　　　　　问卷中评价题项的 Cronbach's Alpha 系数值

Cronbach's Alpha 系数值	题项（个）
0.914	23
0.907	20

三、消费者感知分析

（一）人口统计学与消费需求分析

从表 6-4 的统计数据可以得出以下结论。

（1）性别方面，以女性消费者为主。

这次调查的有效参与人数为 300 人，其中女性为 236 人，占比为78.67%，男性为 64 人，占总人数的 21.33%。可以看出，参与这次调查的女性人数较多，这也符合当前化妆品消费市场女性为主要消费力量的特点。同时，随着社会的发展、时代的变迁，不仅女性爱美，重视外在形象，男性也渐渐加入了这一阵营，开始重视个人修饰与养护，21.33% 这样一个人数比例也符合当前男性对化妆品的关注度与参与度。

（2）年龄方面，18~35 岁的被调查者占较大比例。

参与调查的 18 岁以下的为 0 人，一方面从生理发展的角度来讲，这一年龄段的人群对化妆品还没有太大的需求；另一方面他们没有足够的消费能力，非主要目标人群，因而调查忽略了 18 岁以下的人群。18~24 岁的有 134 人，占比为 44.67%；25~35 岁的有 113 人，超过了总人数的 1/3。可见，18~24 岁和 25~35 岁的被调查者占了总人数的大部分比例。36 岁以上的约占总人数的 18%。这反映了当前化妆品市场以年轻消费者为主，并且在某种程度上，年轻消费者会引领潮流和风尚。

（3）学历方面，不同学历的被调查者均有，总体来说，被调查者的学历较高。

参与本次调查的被调查者，高中及以下学历的为 12 人，占总调查人数的 4.00%；大专学历的为 47 人，占总人数的 15.67%；大学本科学历的人数最多，为 157 人，超过了总人数的一半，占比为 52.33%；硕士及以上学历的人数为 84 人，占总人数的 28.00%。从中可以看出，被调查者在各个学历层次上都有分布，这反映了化妆品消费的全民性与普遍性。

表 6 – 4   **被调查者基本信息数据统计**

调查项		频数（人）	比例
性别	男	64	21.33%
	女	236	78.67%
年龄	<18 岁	0	0.00%
	18~24 岁	134	44.67%
	25~35 岁	113	37.67%
	36~50 岁	44	14.67%
	>50 岁	9	3.00%
学历	高中及以下	12	4.00%
	大专	47	15.67%
	大学本科	157	52.33%
	硕士及以上	84	28.00%

消费者对本土化妆品品牌的态度如何呢？如图 6 – 2 所示，认可且正在使用的被调查者为 165 人，占到了总人数的 55.00%，超过总人数的一半；认可但没有使用过的人数为 115 人，占总人数的 38.33%；持怀疑态度的有 20 人，占总人数的 6.67%；完全不认可的人数为 0。由此可见，总体而言，被调查

者对本土化妆品品牌持认可态度，并且有超过一半的人正在使用，但仍有近一半的被调查者或不使用或持怀疑态度。

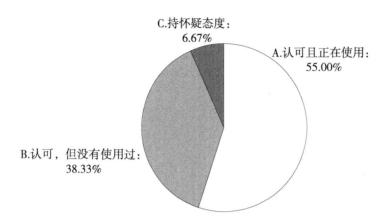

C.持怀疑态度：6.67%

A.认可且正在使用：55.00%

B.认可，但没有使用过：38.33%

图6-2 被调查者对本土化妆品品牌的态度

由图6-3可以看出，对本土化妆品品牌完全陌生的有11人，占总人数的3.67%；知道1~3个品牌的有144人，占到了总人数的48%；知道4~6个品牌的有109人，占到了总人数的36.33%；知道7~10个的有22人，占总人数的7.33%；知道10个以上的有14人，占总人数的4.67%。由此可见，知道1~3个与4~6个品牌的被调查者居多，知道6个以上的极少，而我国本土化妆品品牌数目繁多，消费者的接触与认知有待提高。

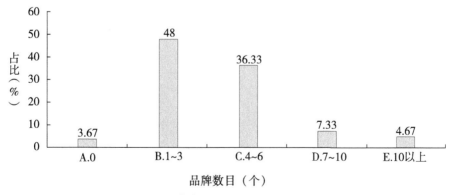

图6-3 消费者熟悉的本土化妆品品牌数目

由图6-4可以看出，在选购化妆品时，倾向于购买本土化妆品品牌的有40人，占比为13.33%；倾向于选购外国化妆品品牌的有133人，占比为

44.33%；持无所谓态度的有 127 人，占比为 42.33%。消费者对本土化妆品品牌的信赖有待提升。

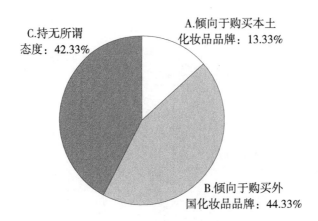

图 6-4 被调查者选购化妆品的品牌倾向

马斯洛需求层次理论反映了消费者不同层次的动机与需求，那么，被调查者选购本土化妆品时出于哪些动机呢？为了满足何种需求呢？调查得到了如图 6-5 所示的结果。数据显示，排在前三位的购买动机是功效好、安全、品牌知名度高，其次，价格低也是一个重要的购买动机，其余的相对均衡。可见，消费者较重视产品的质量与功效，本土化妆品品牌在这几方面应当重点关注。

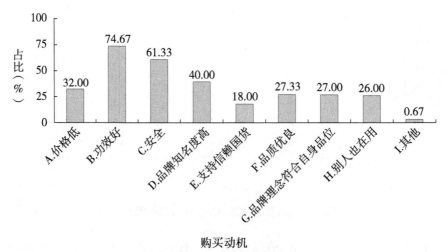

图 6-5 本土化妆品品牌购买动机

（二）消费者对本土化妆品品牌感知各因素重要性评价的分析

前文从品牌定位、品牌设计、品牌传播 3 个维度设计了化妆品品牌感知的调查指标，并开展了调查。这一小节，将对这些调查指标的重要性进行分析。

在选购化妆品时，表 6 - 5 中呈现的各因素，对消费者而言，重要程度如何？

表 6 - 5 　　　　　　　　选购化妆品时影响因素重要性评价　　　　　　单位：人

影响因素	非常重要	重要	一般	不重要	非常不重要	平均值
品牌	79	147	57	16	1	3.96
价格	58	157	69	13	3	3.85
质量	219	73	6	0	2	4.69
功效	208	80	8	3	1	4.64
成分	124	116	52	7	1	4.18
品质	165	111	21	1	2	4.45
理念内涵	29	97	122	40	12	3.30
个性特色	21	85	125	54	15	3.14
亲友或其他消费者推荐	35	142	91	23	9	3.57
消费体验	99	139	50	10	2	4.08
使用群体的特征	50	133	91	20	6	3.67
品牌宣传	31	99	115	39	16	3.30

首先，消费者尤为重视化妆品的质量和功效。调查采用的是 5 点尺度评价制，从非常重要到非常不重要，分数依次递减，分别为 5 分、4 分、3 分、2 分、1 分。其中 3 分为中间值。从表 6 - 5 中可以看出，这一部分包括品牌、价格、质量、功效、成分、品质、理念内涵、个性特色、亲友或其他消费者推荐、消费体验、使用群体的特征、品牌宣传共计 12 项调查指标。这些指标既是被调查者选择化妆品时考虑的普遍因素，也覆盖了化妆品品牌定位的调查指标。从分值来看，共有 5 项因素的平均值超过了 4.00：其中，质量和功效的平均值高达 4.69 和 4.64，这表示这 2 个因素对许多被调查者而言非常重要；成分、品质、消费体验 3 项的平均值也在 4.00 以上，这反映了被调查者

同样重视化妆品的成分、品质及消费体验。另外，品牌和价格2项因素的平均值也都超过了3.50，且接近4.00，这是继上面分析的几项因素后被调查者认为次重要的因素，所以品牌塑造和定价策略都不容忽视。使用群体的特征和亲友或其他消费者推荐也是平均值高于3.50的重要因素，这表明被调查者在选购化妆品时，他人的推荐与自身社会性的评判也是重要的影响因素。其余的理念内涵、个性特色、品牌宣传等因素的平均值在3.30左右，相较另外9项因素，其平均值略低，这反映了我国消费者对品牌的追求还没有上升到理念内涵的层面。一方面，消费者不重视品牌理念内涵，另一方面，品牌方也不重视理念内涵的打造和传播。

其次，消费者对化妆品的功效需求与性别和年龄呈现一定的相关性。上文数据显示，消费者特别重视化妆品的质量和功效，那么，消费者特别重视哪些功效呢？不同性别、不同年龄段的消费者对功效的需求有什么侧重呢？

如表6-6所示，在300名被调查者中，认为补水、保湿润泽这一功效重要的有285人，占比高达95.00%；排在第二位的是镇静、调节肌肤这一功效，占比超过了70.00%；认为美白与使肌肤紧致以及抗衰老、祛皱的功效重要的被调查者的人数也超过了一半，相较而言，祛斑、祛痘功效的需求比例略低，但也接近50.00%。这一组数据反映了消费者更加重视化妆品的基础护理功能（补水、保湿润泽与镇静、调节肌肤），在此基础上对美白、抗衰老、祛皱、使肌肤紧致、祛斑、祛痘等深层次的功效各有需求，且因人而异。

表6-6 化妆品功效需求

功效	频数（人）	占比（%）
补水、保湿润泽	285	95.00
美白	185	61.67
抗衰老、祛皱	188	62.67
使肌肤紧致	183	61.00
祛斑、祛痘	138	46.00
镇静、调节肌肤	221	73.67

为了了解消费者的性别与功效需求之间的关系，本文将性别和功效进行了交叉分析，结果如表6-7和图6-6所示。男性和女性对补水、保湿润泽及镇静、调节肌肤这2项基础功效都有近乎一致的需求，但对其余几个功效

的需求则不同。女性比男性更重视美白和使肌肤紧致的功效；而男性对祛斑、祛痘的功效需求比女性高，这也反映了相对而言，男性更加重视清洁肌肤。这告诉了企业，在进行产品研发、定位和品牌宣传时应对不同性别，功效更有针对性。

表6-7　　　　　　　　　　　性别与功效需求交叉分析

性别	功效需求（%）						合计（人）
	补水、保湿润泽	美白	抗衰老、祛皱	使肌肤紧致	祛斑、祛痘	镇静、调节肌肤	
男	95.31	53.13	68.75	34.38	78.13	70.31	64
女	94.92	63.98	61.02	68.22	37.29	74.58	236

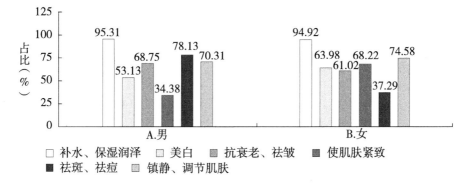

图6-6　性别与功效需求交叉分析

为了了解消费者的年龄与功效需求之间的关系，这里将年龄与功效需求进行了交叉分析，结果如表6-8和图6-7所示。从表6-8中的数据，尤其是折线图的变化趋势可以看出，忽略18岁以下的人群，补水、保湿润泽与镇静、调节肌肤2项功效的需求随着年龄的增长上下浮动较小，这也与上文分析的消费者对这2项基础护理功效的重视程度较高的结果相符。数据显示，18~35岁年龄段的消费者对美白功效的需求程度较高；对抗衰老、祛皱和使肌肤紧致功效的需求折线总体上随着年龄的增长呈上升趋势（50岁以上的需求稍有下降），这显示出随着年龄的增长，消费者对抗衰老、祛皱和使肌肤紧致的功效需求增高；18~24岁年龄段的消费者对祛斑、祛痘的功效需求较高，这或许是因为这一年龄段的消费者由于生理因素的影响，肌肤问题频发。

表 6-8 年龄与功效需求交叉分析

年龄 （岁）	功效需求（%）						合计 （人）
	补水、保 湿润泽	美白	抗衰老、 祛皱	使肌肤 紧致	祛斑、 祛痘	镇静、调 节肌肤	
<18	0.00	0.00	0.00	0.00	0.00	0.00	0
18~24	98.51	63.43	48.51	50.00	60.45	79.10	134
25~35	95.58	66.37	63.72	62.83	44.25	67.26	113
36~50	81.82	47.73	97.73	88.64	6.82	77.27	44
>50	100.00	44.44	88.89	66.67	44.44	55.56	9

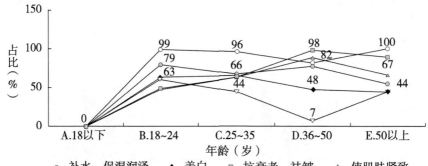

图 6-7 年龄与功效需求交叉分析

最后，化妆品的视觉表现和传播方式会影响消费者的选购行为。产品的外观形象作为品牌的视觉呈现会影响消费者的选购行为，表 6-9 反映了消费者对化妆品品牌外观形象表现形式 5 项因素的重要性评价，这 5 项因素的平均值都超过了处于中间的 3。其中，整体风格特色和外观设计 2 项的平均值较高，品牌包装的平均值次之，而官网、宣传册设计与专柜、商超、店铺陈设的平均值则接近 3。可见，在选择和接触化妆品时，消费者更重视外观设计、品牌包装与品牌的整体风格特色。

表 6-9 化妆品品牌外观形象重要性评价 单位：人

品牌外观形象表现形式	非常重要	重要	一般	不重要	非常不重要	平均值
外观设计	47	137	72	39	5	3.61
品牌包装	36	141	83	34	6	3.56

续表

品牌外观形象表现形式	非常重要	重要	一般	不重要	非常不重要	平均值
官网、宣传册设计	23	79	122	64	12	3.12
专柜、商超、店铺陈设	27	111	100	54	8	3.32
整体风格特色	56	128	70	38	8	3.62

广告界流行这样一句话：大约有一半的广告费被浪费了，但具体被浪费在什么地方没有人知道。广告是起源较早的一种产品或服务的传播形式，随着时代的发展和演变，各种传播方式不断涌现和革新。这次化妆品品牌传播方式的调查主要选取了广告、品牌赞助、新媒体宣传、品牌促销活动、事件营销活动（借助热点事件的传播活动）与其他品牌传播活动 6 项因素。从表 6 - 10 中可以看出，传统的广告的平均值最高，消费者认为的其重要性程度自然也就最高；接下来是品牌促销活动；新媒体宣传处于第三位，在移动互联网背景下，传播具有裂变性，新媒体传播的作用不容小觑。

表 6 - 10　　　　　　化妆品品牌传播方式重要性评价　　　　　　单位：人

传播方式	非常重要	重要	一般	不重要	非常不重要	平均值
广告	67	151	53	27	2	3.85
品牌赞助	34	102	98	52	14	3.30
新媒体宣传	34	121	86	52	7	3.41
品牌促销活动	62	136	71	27	4	3.75
事件营销活动	36	107	95	51	11	3.35
其他品牌传播活动	13	65	140	72	10	3.00

表 6 - 11 反映了消费者选购化妆品时不同渠道的分布，其中专柜、商超、化妆品超市、专卖店独占鳌头，人数为 257 人，比例高达 85.67%；接下来是发展得如火如荼的 O2O 平台；官网的占比也超过了 1/3；有部分人选择代购。这也启示本土化妆品品牌做宣传时，应重视各个渠道的个性化建设。

表 6 - 11　　　　　　　　　购买渠道的分布

渠道	频数（人）	占比（%）
专柜、商超、化妆品超市、专卖店	257	85.67

渠道	频数（人）	占比（%）
官网	110	36.67
O2O平台（如淘宝网、京东商城、聚美优品及其他类似的购物平台）	171	57.00
代购	82	27.33
其他	5	1.67

综合表6-10和表6-11的数据可知，化妆品品牌既要重视广告宣传、举办适时的促销活动、发挥新媒体的联动作用，又要重视自身店铺、官网的建设，并优化与O2O平台的合作。

（三）消费者对本土化妆品品牌表现评价的分析

前文分析了消费者对化妆品品牌定位、品牌设计、品牌传播各因素的重要性的评价，了解了消费者的相关需求和态度，这一部分将通过分析被调查者对本土化妆品的全方位评价，来衡量当前本土化妆品的品牌塑造状况，判断消费者的态度如何，明确本土化妆品品牌应当如何改进和优化。

这一部分一共进行了如表6-12所示的20项调查，对本土化妆品品牌进行了较全面的描述，让被调查者根据自己的经验去评价相关描述是否符合当前本土化妆品品牌的实际情况。本调查围绕品牌定位、品牌设计、品牌传播3方面的调查指标展开。

表6-12　　　　　　　　　本土化妆品品牌表现评价　　　　　　单位：人

对品牌的描述	非常符合	符合	一般	不符合	非常不符合	平均值
价格低	33	171	74	19	3	3.71
质量好	5	28	215	43	9	2.92
功效齐全，可满足消费需求	7	80	166	38	9	3.13
成分安全，可放心使用	10	45	192	37	16	2.99
更适合我国消费者的肤质	16	119	130	28	7	3.36

续表

对品牌的描述	非常符合	符合	一般	不符合	非常不符合	平均值
品质优良	3	20	143	117	17	2.58
给人愉快的消费体验	9	64	146	68	13	2.96
理念内涵主张让消费者产生积极的品牌联想	8	43	163	77	9	2.88
个性独特，与其他品牌形成了鲜明的区别	4	29	149	102	16	2.68
外观设计新颖独特	3	40	159	75	23	2.75
包装精致，彰显品质	4	27	163	85	21	2.69
官网、宣传册对消费者有吸引力	6	36	125	112	21	2.65
专柜、商超、店铺陈设吸引消费者驻足	11	58	142	71	18	2.20
整体设计风格易于识别	2	67	152	63	16	2.92
广告表现具有吸引力	3	47	137	96	17	2.74
赞助活动促进了消费者对品牌的了解	12	100	118	59	11	3.14
新媒体宣传提高了品牌知名度	7	112	127	48	6	3.22
促销活动促进消费者选购	23	137	89	43	8	3.41
借助热点事件进行的传播活动加深了消费者对品牌的印象	9	119	120	43	9	3.25
借助O2O平台吸引和扩大了用户群体	18	110	129	32	11	3.31

　　调查结果显示：本土化妆品品牌虽然在某些方面有优势，但总体而言劣势较多，被调查者对本土化妆品品牌的评价不高。这里结合调查数据以及调

查过程中被调查者的反馈分别展开分析。

前9项调查对应的是本土化妆品的品牌定位因素。从中可以看出，被调查者普遍认为本土化妆品品牌的价格低，这也是和外国化妆品品牌相比，本土化妆品品牌在价格方面的优势。关于本土化妆品品牌的功效，约85%的被调查者选择了3、4、5，这一项的平均值是3.13，大于3，这反映出当前本土化妆品品牌有不同的功效可供消费者选择，但仍需要继续提升和完善。正如调查时一些被调查者所说：功效倒是齐全，但效果如何就不知道了。关于与外国化妆品品牌相比，本土化妆品品牌是否更适合我国消费者的肤质这一描述，45%的被调查者表示认同，约10%的被调查者表示不认同，最终这一项调查的平均值为3.36。这表明我国消费者对本土化妆品潜在的认同和自信，本土化妆品企业应该继续研发、提高技术、做好调查，使产品适合消费者肤质，使品牌的效果和口碑越来越好。其余的质量、成分、品质、消费体验、理念内涵、品牌个性所得的平均值都低于3，这反映出消费者在这几方面对本土化妆品品牌的表现不认可，尤其是品质这一项，平均值最低，这反映出消费者对本土化妆品品牌的综合评价较低。然而，在前面的调查分析中已经得出，消费者在选择化妆品时尤其注重质量、品质、功效、成分和消费体验，这里本土化妆品的品牌表现却不能获得消费者的认可。这反映出本土化妆品品牌表现与消费者需求的不对等，品牌建设亟待加强，品牌塑造势在必行。

中间5项是被调查者对本土化妆品品牌设计表现的评价，各项的平均值均低于中间值3，这说明本土化妆品品牌在这些方面的表现没有达到消费者的心理预期。而前文的分析得出消费者比较重视化妆品品牌的外观设计、包装和整体风格特色，因此本土化妆品品牌需要在品牌设计方面改进和提升。

最后6项是被调查者对本土化妆品品牌品牌传播表现的评价。除去广告表现这一项，品牌赞助活动、新媒体宣传活动、品牌促销活动、事件营销活动、O2O平台的宣传活动这几项的平均值都大于3，尤其是品牌促销活动，被消费者认为是本土化妆品品牌较为有效的传播方式，本土化妆品品牌的新媒体宣传活动表现也获得了消费者的认可。由前文调查分析可知，在传播这一层面上，消费者对广告、品牌促销活动以及新媒体传播活动的重要性评价较高，而表6-12中的数据显示，本土化妆品品牌的广告表现却不尽如人意。不过在调查中，被调查者反馈广告、品牌宣传活动、新媒体宣传活动等几种传播方式都促进了本土化妆品品牌的传播，因而，本土化妆品品牌要再接再厉，打好各种传播方式的组合拳，提升品牌传播的效果。

（四）数据分析小结

1. 消费者需求与态度

第一，年轻女性消费者是消费主力军，城市为主要消费市场。由数据分析可得，参与这次调查的主要群体为18~24岁和25~35岁的消费者；性别构成上，女性人数超过总人数的3/4；学历方面，大学本科学历的人数超过总人数的一半，总体而言，被调查者的学历层次较高，但每个层次的调查者都有；调查对象以城市消费者为主，反映了当前化妆品消费的主要市场为城市。

第二，消费者的需求既有共性也有个性。总体而言，消费者较重视的是化妆品的功效、安全性、知名度和价格。同时，性别和年龄与需求呈现出一定的相关性。女性比男性更重视美白和使肌肤紧致的功效；而男性对祛斑、祛痘的功效需求比女性高。18~35岁年龄段的消费者对美白功效的需求程度较高；随着年龄的增长，消费者对抗衰老、祛皱和使肌肤紧致的功效需求增高（50岁以上的需求稍有下降）；18~24岁年龄段的消费者对祛斑、祛痘的功效需求较高。

第三，消费者对本土化妆品品牌基本持认可态度，但信任程度低，购买时以外国化妆品品牌为主。

人口统计学方面的调查数据显示：大多数消费者对本土化妆品品牌持认可态度；但是要注意到，有超过1/3的人虽然认可本土化妆品品牌但并未形成购买，同时，也有一部分人对品牌持无所谓的态度，这些消费者正是当前本土化妆品品牌应该去尽力争取的，化妆品品牌要通过品牌建设使更多的消费者认可并使用本土化妆品。关于消费者对本土化妆品品牌的了解程度，虽然这次调查没有做到面面俱到，只调查了消费者了解的本土化妆品品牌数目，但调查数据足以反映出消费者对本土化妆品品牌缺乏关注和热情，对本土化妆品品牌的认知度有待提高。因此，本土化妆品品牌需要提高品牌质量、提升品牌形象，使消费者树立品牌自信。

总体而言，消费者对本土化妆品品牌的满意度较低。结合问卷调查及调查过程中与被调查者的交流可知，消费者满意度较低的原因有以下两个方面。

一是多数本土化妆品品牌在品质、功效方面确实存在一些短板。首先，与外国知名化妆品品牌相比，大多数本土化妆品品牌发展历史较短。改革开放后，多数本土化妆品品牌进入起步阶段，自我国加入世界贸易组织后依托化妆品行业的发展大潮全面快速地发展起来，但发展历史有限，因而积累和积淀有限。其次，本土化妆品品牌在规模和资金上不敌外国品牌，因而在投入和功效提升上受限。本土化妆品品牌技术投入少、研发能力低，是长期以来本土化妆品品牌普遍存在的问题。这些原因造成了本土化妆品品质、功效方面的劣势，满足不了消费者的需求，因而消费者的满意度较低。

二是消费者对本土化妆品品牌有所期待，但本土化妆品品牌满足不了消费者的相关需求。一方面，消费者希望通过使用化妆品来修饰妆容，让自己容颜不老、青春永驻、风姿永存，因而对化妆品的功效要求很高，但是在与一些知名的外国品牌相比时，本土化妆品品牌的功效表现得不尽如人意，功能和价格划分上也比较模糊，品牌杂而多，品质良莠不齐，造成了消费者的心理落差。另一方面，消费者选购的化妆品也是其身份、品位的象征，传统观念上多数消费者会认为，与本土品牌相比，外国品牌具有先天优势，在彰显自我价值、提升地位的需求上，本土品牌不能满足消费者的需求，即消费者难以对本土化妆品品牌产生品牌自信。

2. 消费者对本土化妆品品牌感知各因素重要性的评价

这一部分对 23 项影响化妆品选购的因素的重要性进行了调查。通过数据整理和对比，笔者提取了平均值大于等于 3.50 的 15 项内容作为此次调查重要性程度较高的因素来分析，如表 6-13 所示，从中可以得出以下结论。

第一，消费者重视化妆品的功效、质量与品质。由数据对比可知，消费者更重视产品的质量、功效、品质、成分；另外，重视购买过程中的消费体验、使用群体的特征以及亲友或其他消费者的推荐；品牌和价格也是消费者的考虑因素，商品日益同质化，消费者会通过品牌区别产品的好坏，而且对于大多数消费者而言，价格依然是考量的重要因素之一。因而，品牌要重视自身品牌知名度的提升、定价的合理性；此外，要完善自身服务，为消费者创造良好的消费体验，树立良好的口碑。

第二，消费者对化妆品的功效需求与性别和年龄呈现一定的相关性。由上文交叉分析可知，除补水、保湿润泽的基础功效外，消费者的性别不同，功效需求也有所差异，女性消费者更重视化妆品的美白、抗衰老、祛皱功效，男性更重视化妆品的祛斑、祛痘等清洁肌肤的功效；不同年龄也有各自的需求侧重，美白功效主要为年轻消费者的需求，抗衰老和使肌肤紧致的功效需求随着年龄的增长而增加。

第三，消费者对化妆品的外在呈现形式与品牌传播活动也比较重视。在视觉呈现方面，消费者更重视品牌的整体风格特色、外观设计以及品牌包装，认为官网、宣传册设计，以及专柜、商超、店铺陈设的重要性程度相对较低。在品牌传播层面，最传统的也是品牌广泛采用的广告，被认为是最重要的传播方式。品牌促销活动一方面是一种营销行为，另一方面也因价格优势成为促使消费者了解、关注品牌的重要因素。在互联网和移动媒体如火如荼发展的背景下，新媒体宣传方式更能影响消费者，尤其是对广泛参与互联网社交的年轻消费者。化妆品品牌应当重点从这些方面做好品牌塑造工作。

表 6 - 13　　　　　　　重要性评价≥3.50 的 15 项调查因素

调查因素	平均值	参考值
质量	4.69	3.50
功效	4.64	3.50
品质	4.45	3.50
成分	4.18	3.50
消费体验	4.08	3.50
品牌	3.96	3.50
价格	3.85	3.50
使用群体的特征	3.67	3.50
亲友或其他消费者推荐	3.57	3.50
整体风格特色	3.62	3.50
外观设计	3.61	3.50
品牌包装	3.56	3.50
广告	3.85	3.50
品牌促销活动	3.75	3.50
新媒体宣传	3.41	3.50

3. 消费者对本土化妆品品牌表现的评价

这一部分，共 20 项调查，从中可以发现本土化妆品品牌在品牌定位、品牌设计、品牌传播环节的表现和存在的问题。

第一，总体而言，本土化妆品品牌短板较多。由图 6 - 8 可知，消费者对本土化妆品的品牌表现满意度较低，多数表现的平均值小于 3.00，质量、成分、消费体验、品牌包装、外观设计、广告表现的平均值较低，可见，在消费者心目中本土化妆品品牌表现一般。尤其要重视的是，消费者普遍认为本土化妆品品牌品质不高，而品质是对品牌的综合评价，这反映出消费者对本土化妆品品牌的整体评价较低。

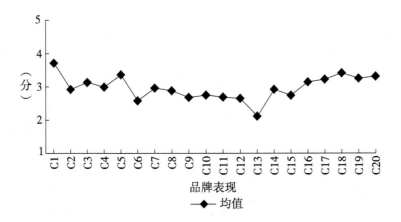

图 6-8　本土化妆品品牌表现

第二，要看到本土化妆品品牌的长板，发挥优势。数据显示，消费者普遍认为本土化妆品品牌的价格相对较低，这是本土化妆品品牌具有的价格优势。消费者认为本土化妆品品牌功效齐全，这也符合当前我国化妆品品牌的现状，市场上不同系列、不同功效的产品较多，但如何更加细化且有针对性和区别性，是本土化妆品品牌需要进一步解决的问题。此外，消费者也认为，相对来说本土化妆品品牌更适合国人的肤质。这些优势启示本土化妆品品牌要在合理的价格定位的基础上继续提升功效，在适宜性方面发挥本土优势，提高品牌的性价比，充分发挥功效优势，补足自己的短板，加强自己的长板。

第三，消费者在一定程度上认可各种品牌传播方式对本土品牌的传播作用。可以明显地看出，品牌赞助活动、品牌促销活动、新媒体宣传活动、事件传播、O2O 平台传播几项的平均值相对较高，这反映出在一定程度上传播活动促进了本土化妆品品牌的传播，帮助其提高了知名度和美誉度，消费者通过这些传播方式加强了对本土化妆品品牌的了解，因而这是本土化妆品品牌在品牌传播层面要继续努力的。

第七章　本土化妆品品牌塑造

一、品牌塑造的内涵

虽然"品牌塑造"这一术语在 21 世纪初就大量出现在商业媒体和学术研究中，但由于品牌塑造是一个复杂、长期的连续过程，涉及对象众多，并且现有的研究较少，因此要对其做出一个完整全面的鉴定存在很多困难[①]。所以，目前，学术界对品牌塑造没有形成统一的认识。

Daly（戴利）和 Moloney（莫洛尼，2004）认为，品牌塑造是指现有品牌要素的改变，这些改变可以是部分改变，也可以是全部改变，而具体要素可以是有形的，如品牌外观，也可以是无形的，多指品牌口号、理念内涵。这一定义被研究者参考引用的次数较多。Muzellec（穆泽莱克，2003）认为，品牌塑造是一种实践活动，实践的主体是企业或品牌拥有者，指向的客体是消费者，目标是建立独特身份和新的品牌形象，采用的手段或者是名称标识的改变，或者是产品内容的改变，或者是消费对象的重新确定，或者是所有方式的综合。这一定义指出了品牌塑造的利益相关方、塑造的方法以及要实现的效果。国内学者王俊峰等（2014）认为，品牌塑造的含义可以从 2 个关键维度来解释：一是企业品牌的外部感知，即在消费者心中树立的品牌形象；二是企业品牌的内部感知，即变革之后所形成的全新品牌身份，创造一种新的身份认同。企业品牌塑造是修正或重新建立品牌形象，反映品牌身份改变的活动过程[②]。鹿麟（2014）认为，品牌塑造是改进、完善甚至是推翻品牌在人们心中原有的形象，通过重新定位目标客户、提高产品或服务的质量等

---

① 王俊峰，王岩，鲁永奇. 国外品牌重塑研究综述 [J]. 外国经济与管理，2014，36（2）：47.

② 王俊峰，王岩，马越. 企业品牌重塑：驱动力、策略及过程模型研究 [J]. 长春理工大学学报（社会科学版），2014，27（2）：77.

方式，重新推广品牌形象的一个过程；品牌塑造是品牌管理的重要组成部分或关键环节，其本质是对品牌核心价值、品牌定位和品牌个性的塑造①。

品牌塑造按变化水平的不同分为两类：一类是细微、渐进性品牌塑造，这种变化是逐步进行的，很难为外界所察觉；另一类是革命性品牌塑造，品牌的命名、定位、设计、形象等发生根本性变化。比较而言，革命性品牌塑造风险较大，所以实际中采用最多的是渐进性品牌塑造。

综合以上品牌塑造的内涵及品牌塑造的两种类型，笔者认为，品牌塑造是在原有品牌基础上不断改进、完善甚至推翻品牌在消费者心中的形象，通过重新进行品牌定位、品牌设计、品牌传播等手段使品牌在消费者心中树立全新良好形象的过程，是一种渐进式改变。

羽西原本是本土品牌，2004 年被欧莱雅集团收购，其品牌塑造经验值得学习借鉴。羽西的加入为欧莱雅集团带去了中国元素。2004 年到 2010 年，羽西不断进行探索和变革，立足于"中国美"，借助高科技萃取中药成分，提升品牌功效，满足消费者进一步改善肌肤的需求，强调用高科技萃取的中药成分的去除细纹、保持皮肤弹性的作用。

羽西以"秀于外，慧于中"为品牌口号，品牌包装设计借助经典大气的中国红元素，选择中国名模杜鹃为品牌代言人，以其独特气质彰显"中国美"，广告表现婉约大气。另外，其品牌活动也不流于俗套，积极树立高品质形象。

二、品牌塑造模型框架

品牌塑造模型研究分为以下两类：

一类是侧重于理论的模型。Muzellec 和 Lambkin（兰姆金，2006）通过实证研究构建了如图 7 - 1 所示的品牌塑造模型，认为完整的品牌塑造由三部分组成：第一部分为确定品牌重塑影响因素，包括产权结构变化、企业战略变化、外部环境变化及竞争地位变化；第二部分为明确品牌重塑目标，即塑造新形象、反映新身份；第三部分是具体的品牌重塑行为，即使内部员工的认知、凝聚力发生变化，也促成外部利益相关者的感知变化。这一塑造模型过程完整，与其他模型相比强调了内部员工要有所变化。

———————————

① 鹿麟. 品牌重塑策略研究［J］. 中国外资，2014（1S）：122.

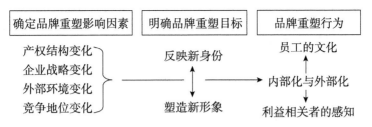

图7-1　Muzellec 和 Lambkin 的品牌塑造模型①

Alexander（亚历山大）等人（2013）提出了品牌塑造进化理论模型。这一理论模型从宏观和微观角度说明了品牌塑造各个阶段的内容，认为企业内部塑造宏观阶段包括：接收环境刺激、重新评估生存状态。为生存和繁荣进行调整、反映新身份、重建新形象新资产。为生存和繁荣进行调整阶段包括：重新制定战略、重新定位、重新命名、重新设计、调整物料等。反映新身份阶段包括启动新品牌、开展新品牌支持运动。这一模型的每个阶段更加具体。

另一类是侧重于实践的模型。Ahonen（2008）的企业品牌塑造过程模型把品牌塑造过程分为分析、计划、执行及评估四个阶段，如图7-2所示。该模型充分考虑品牌塑造过程中的各种影响因素，较为直观。

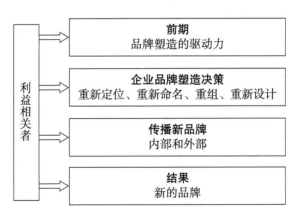

图7-2　Ahonen 的品牌塑造过程模型②

Ahonen 的这一品牌塑造过程模型，首先是前期分析阶段，企业根据自身

---

①　MUZELLEC L, LAMBKIN M. Corporate rebranding: destroying, transferring or creating brand equity [J]. European journal of marketing, 2006, 40 (7/8): 803-824.

②　AHONEN M. Corporate re-branding process: apreliminary theoretical framework [R]. Wroxton: Proceedings of the Conference on Corporate Communication, 2008.

情况和外部环境状况，分析品牌塑造驱动状况。接下来的计划和执行阶段是品牌塑造较为关键的环节。

计划阶段涉及品牌塑造的几个重要方面，包括前期的品牌定位、区别于其他产品的品牌个性、带给消费者的品牌价值与对消费者的承诺，以及品牌设计。这一阶段是对品牌塑造的各个重要因素的整合阶段。

执行阶段的任务是在计划阶段的基础上，对新的品牌进行传播，通过各种传播手段树立新的品牌形象。品牌塑造过程中的所有整合营销传播要素与消费者忠诚、感知质量、品牌联想密切相关，品牌传播就是要将上述各种要素与消费者建立关系。

评估阶段的任务是对新品牌的塑造进行效果评估。这是企业对品牌塑造实施效果的评价环节，以便进行战略调整，主要是企业行为，和消费者感知关联不多，因此不作为本研究的重点。

学界普遍认为，随着研究的深入，品牌塑造理论会日渐成熟，具体过程模型因具有较强的实践指导性而拥有更广泛的适用性，因而具体的品牌塑造实践多应用过程模型。

因此，本文主要参考 Ahonen 的品牌塑造过程模型。

结合本土化妆品品牌的自身状况，不难发现，当前本土化妆品品牌发展得如火如荼，数量众多，但是竞争力薄弱，既面临巨大的市场机遇，也面临发展困境，因而不得不变革创新、塑造品牌。这是本土化妆品品牌塑造的重要驱动力，内外因双重作用。接着，通过消费者调查获取消费者对本土化妆品品牌的感知，了解消费者痛点，结合自身特点或者重新定位，或者重新设计，或者采取其他塑造方式。品牌塑造最终要实现的效果是在消费者心中树立全新的品牌形象，因而需要进行品牌传播活动获悉消费者感知，以获得外部认同，在潜移默化的影响和规范中内部员工也对本土化妆品品牌形成新的身份认同。进行品牌塑造后，企业要对化妆品品牌的传播效果、销量和收益进行评估，继续改进完善。这样就形成一个完整和渐进的塑造过程。

三、本土化妆品品牌塑造思路

在理论分析和模型架构的基础上，展开实证调查，通过数据分析，了解当前消费者的使用与满足情况，明确消费者对本土化妆品品牌的感知。

综合本土化妆品品牌现状和数据分析可知：消费者尤其重视化妆品的品

质功效，但当前本土化妆品品牌的品质功效较差；品牌外观和包装作为重要的视觉传达方式会影响消费者选购；品牌传播力度相对薄弱，限制了本土化妆品品牌的传播，进而阻碍了品牌与消费者的沟通；本土化妆品品牌的经营和管理能力差，在现代消费模式下，品牌服务与消费体验有待完善；消费者对本土化妆品品牌基本持认可态度，但信任程度低，购买时以外国品牌为主。同时，借鉴一些品牌的塑造方法得出本土化妆品品牌的塑造应从以下 5 个方面展开。

（一）通过技术创新提升品质功效是塑造的关键

爱美之心，人皆有之，化妆品本身就关乎美，消费者对化妆品最本质的需求是通过化妆品的修饰使自己美丽、自信，进而更好地表现自我。因而化妆品功效的好坏也就成了消费者选择评价化妆品最明显、最直接的因素。长久以来，消费者在潜意识里认为本土化妆品质量差、品质劣，无法与外国品牌相媲美。本土品牌在品牌塑造时必须从产品自身出发，将功效这一"内功"修炼好，这样才能在竞争中用实力说话，逐渐提升消费者对本土品牌的品质认同。

第一，加大科技研发力度，提升功效品质。科学技术是第一生产力，化妆品行业亦如此，利用先进的科技使化妆品的功效最优化是世界上许多知名品牌的竞争力所在。以欧莱雅集团为例，其每年用于研发的费用超过营业额的 3%，其中，有 1/3 的研发费用被用来研发高端产品，这是许多化妆品企业都无法企及的。欧莱雅集团在全球共有 18 个研究中心以及 13 个评估中心，来自 60 个不同国家的 3000 多名员工在不同部门进行研究，以实现集团品牌全球化战略，满足世界各地不同消费群体的需求，并且与学术及科研机构有密切的合作，平均每年研发 5000 个配方；2009 年，欧莱雅集团用于化妆品研发的费用超过 6 亿欧元；欧莱雅集团拥有 2 万个已生效的专利发明[1]。欧莱雅坚持"保证每一种产品都从科技创新中汲取精华，让世界女性享受高科技、高质量、安全可靠的化妆品"的宗旨。这也启发本土化妆品品牌塑造要重视技术创新，引进国外先进技术，并重视与科研院所的合作，唯有这样，才能研发出满足消费者需求的高品质产品。

---

① 杨蕾. 中国国产化妆品消费者行为影响因素分析：以青岛市为例 ［D］. 青岛：中国海洋大学，2015.

第二，升级研发理念。我国化妆品发展到目前共经历了 4 个时期：最早的化妆品从动植物油脂中提取成分，经过粗糙的加工，即可使用，比如人们熟知的雪花膏、孢子油；20 世纪 90 年代前后，进入"危险化学护肤"时期，借助化学品快速美白、祛斑，但有害物质对皮肤造成了强烈刺激和严重影响；后来进入"草本护肤"时期，但是，由于监管力度不够，许多草本化妆品徒有虚名，仍然添加了大量的活性剂、防腐剂；所以有了第四代"无添加"护肤品，以便皮肤无负担地吸收养分。护肤是人们生活中必不可少的一部分，当前环境问题频发，安全护肤成为必然需求。因而，产品研发也应当回归皮肤科学本身，遵循其自然规律，重新塑造产品的价值，将化妆品的安全性提升到更高的层面上。

第三，保证正品与把控流通。虽然化妆品行业的相关法律法规在不断完善，但在流通中仍然存在假冒伪劣产品，这就需要本土化妆品品牌把好销售关，保证产品是正品。品牌专营店应该是质量保证最完善的地方，网上商城以及网络平台的产品则良莠不齐，本土化妆品品牌一方面要做好产品的自身监管，与平台方达成协议，另一方面要对假冒侵权行为予以追究，并提供便捷的防伪查询功能来服务消费者，同时也维护自身的品牌权益和形象品质。

在经济社会转型发展的关键时期，各行各业都在倡导以精益求精的"工匠精神"提品质、创品牌，这也启示本土化妆品品牌要用匠心筑梦，创新品牌建设。用至臻的技术革新品质即是一种宣言和态度！

（二）通过优化设计革新外观形象是塑造的助推力

凯尔顿调查公司为欧特克公司做的一项调查发现，在 10 个美国人中，有 7 个人在回忆起他们最后一次看到他们想要的产品时是因为其设计①。许多消费者忠诚度高的品牌的一大优势就是用设计创造出差异化的产品和服务来取悦客户，如世界知名互联网搜索引擎 Google（谷歌）。

品牌设计是品牌的外在表现，并且最先直接作用于人的感官，对品牌印象和品牌好感的形成具有重要影响。化妆品企业是与生活美学结合度较高的行业，一套强有力的品牌设计尤为重要。一方面，品牌通过设计创造与众不同的视觉识别系统，将品牌转化为可视化的符号直观地展现在消费者面前，将品牌信息传达给消费者，不断地强化消费者的感知。在某种程度上，视觉

① 刘红菊. 化妆品品牌策划与创意［M］. 北京：人民邮电出版社，2015：155.

的第一印象也会形成效应，或吸引消费者驻足了解，或引起消费者的反感。另一方面，品牌设计是一种身份认同，对内可增强员工的归属感、认同感，凝聚和团结员工力量。

本土化妆品进行品牌塑造时要通过一套强有力的设计将品牌内容可视化和形象化，吸引和获得消费者的关注。如果品牌设计高度独特化、易感知，对消费者就更有冲击力和触动性。尤其是化妆品消费市场，虽然男性的使用量和需求在逐渐增多，但还是以女性消费者为主，而女性对视觉色彩有着天然的敏感性，色彩对女性消费者的感官刺激影响较大。因而，在进行品牌设计时，除了要契合品牌想传达的理念与精神，还要选择更明丽、鲜亮、亲切的色彩，使产品形象鲜明独特、易识别。在形状材质上，既要关注使用功能也要追求一定的审美功能。从外观到包装到陈设都要形成自己稳定的、鲜明的风格。

这里以获得红点设计大奖（Red Dot Design Award）的本土品牌花瑶花为例。红点设计大奖是国际公认的全球工业设计顶级奖项之一，素有设计界的"奥斯卡"之称。每年，一些设计品质达到极高境界的优秀作品便会被授予"红点奖"，能获此殊荣的设计都是经典之作。化妆品领域，获得这一殊荣的作品不多，2013年，由湖南花瑶花化妆品有限公司提报参评的"花瑶花——金银花系列"，获得红点奖之传播设计奖。这一设计充分展示了我国的民族文化，虽然简洁，但着实惊艳。

不仅花瑶花可以在品牌设计方面获得殊荣，其他化妆品品牌也应当有信心并且付诸实践，去革新设计。花瑶花品牌获得设计大奖，但并未引起消费者的关注，也未获得长足发展，实为可惜。这启示本土化妆品品牌要综合发展，推动品牌的创新与进步。

消费者购买化妆品的心理活动，一般是从对品牌的认知开始的，品牌是人们选择商品的重要依据。因此，品牌形象设计的意义重大。品牌形象设计主要包括品牌的名称、LOGO和包装的设计，它们是该品牌区别于其他品牌的重要标志。品牌LOGO通常由文字、符号、图案或3个因素的组合构成，涵盖了品牌所有的特征，具有良好的宣传、沟通作用。LOGO能够帮助人认知品牌并进行联想，使消费者产生积极的感受。品牌要想使消费者在众多的商品中选择自己的产品，就要利用品牌LOGO的视觉形象引起消费者的关注。这样，品牌形象设计的真正意义才能显现出来。

1. LOGO 设计

一个好的化妆品品牌 LOGO 能够强化消费者的品牌认知、品牌联想和增强消费者的品牌偏好，进而影响品牌美誉度与顾客对品牌的忠诚度。化妆品品牌 LOGO 设计应注意以下几点。

（1）简单明确。

化妆品市场品牌众多，品牌要想在竞争中脱颖而出，LOGO 必须明确传达品牌信息，且简单直观。

（2）表达准确。

品牌 LOGO 为品牌传播服务，品牌 LOGO 要很好地体现品牌特征，这样才能给人以正确的联想。

（3）设计有美感。

LOGO 的造型要优美流畅、富有感染力，要保持视觉平衡，既具静态之美，又具动态之美。

（4）有持久性与扩展性。

品牌 LOGO 设计要有持久性，如果 LOGO 经常变化，不利于品牌传播。品牌的视觉形象必须是统一的，而且要稳定，不能随意变化，这是品牌吸引消费者的重要条件之一。

（5）讲究策略。

品牌 LOGO 字体要体现产品的特征，化妆品品牌 LOGO 字体多纤细秀丽，以体现女性的秀美；同时，要容易辨认，不能让消费者去猜测，否则不利于传播；要体现个性，与同类品牌形成区别。LOGO 色彩的运用要体现品牌理念。

2. 包装设计

化妆品包装是表现化妆品价值的重要方式，充当品牌与消费者沟通的纽带。随着市场同质类商品的不断涌现，过时的包装理念及其包装制品已远远不能满足人们的审美需求，能"传情达意"的包装越来越为消费者所推崇。一个成功的化妆品包装设计，除应吸引消费者选购外，还应起到体现品牌文化内涵及品牌核心价值的作用，且要醒目、清晰，符合国家规定。化妆品包装中的图形符号要做到人性化，起到心理引导的作用，具有亲和力，符合目标群体的品位和生活方式；能够更直观地与消费者沟通，令消费者对品牌产生信任和期盼。消费者潜意识中形成的对化妆品的某种思维方式及需求，影响他们对化妆品的认知和购买决策，在特定的条件下会转化成显性的购买欲望，促成购买行为。

目前，我国的化妆品包装设计大部分停留在"包"与"装"或促销的层面上，过少研究特定消费群体的心理需求，对于目标群体的情感特征、心理状态及潜意识消费心理缺少分析。化妆品品牌要通过包装符号与消费者对话，要加强图形符号的传达效用。

图形符号是指以图形为主要元素，用以传递某种信息的视觉符号。其可以指导人们的行为，提醒人们注意或给以警告等。图形符号具有直观、简明、易懂、易记的特征，便于信息的传达。图形符号可以传达出化妆品的产品特性、情感内涵等信息，消费者接收到这些信息后，可以节省选择时间，完成购买行为。

由于化妆品市场的竞争日趋激烈，化妆品形象的个性化、良好的产品外观已成为化妆品包装中图形符号设计的重要课题。将企业战略思想导入化妆品可视形象中，可以丰富造型语言，给人以稳定可信的企业形象、品牌形象对于企业形象的树立，起到事半功倍的效果。

图形符号在化妆品包装中的设计有以下几种方法。

（1）以化妆品独有的意义进行图形设计。

从化妆品本身的特性、功效等角度出发，依据对这些特性的联想来设计化妆品包装图形，能获得出人意料的创意。

（2）以公司标志或企业名称为主体进行图形设计。

从品牌标志中提取基本元素进行延展设计，弥补品牌标志在实际应用中的局限性，使消费者产生联想，从而提高其对品牌形象的认知度，强化消费者对品牌形象的认知与记忆，最终达到化妆品促销的目的。

（3）以企业文化、经营理念为题材进行图形设计。

化妆品包装设计还可以采用虚拟形象进行图形设计，优秀的虚拟形象可以提高品牌的认知度，增强品牌的亲和力，尤其是儿童化妆品，活泼可爱的卡通形象更容易获得儿童及家长的喜爱，有助于品牌的情感传播。

（4）综合法。

将以上几种方法及诸多要素整合起来，进行图形设计，使图形设计从单一观念走向综合理念，与品牌、化妆品市场、销售渠道融为一体，使化妆品图形符号设计走向多元化。化妆品包装的视觉符号是吸引消费者的第一步，很多人有先入为主的消费特征，良好的视觉传达效果、准确的图形符号展现更易打动消费者。

在信息传播繁荣、国际化视觉符号泛滥的今天，"读图时代"应运而生。图形符号已经逐渐形成了自身的文化逻辑，它的形象较为鲜明，便于人们记忆和理解，比文字的传达更直接、明晰。成功的化妆品包装图形设计既可以暗示化妆品品质的优良，也可以传达其所蕴含的精神因素。所以在某种程度上，图形符号的好坏主导着包装的成功与失败。化妆品包装设计中图形符号创意要使图形负载有效的功效信息，同时要具有强烈的视觉传达效果。视觉冲击力和图形所承载的信息量是图形符号设计非常关键的两个方面，也是化妆品包装设计的关键，因此，化妆品包装设计和图形符号之间的关系直接影响着市场效应。

化妆品品牌首先要进行品牌形象设计，通过各种形象符号来刺激和引导潜在消费者，在消费者心里建立鲜明的品牌形象，使品牌与目标消费者产生共鸣，通过长期的宣传，在潜移默化中逐渐将企业的强势品牌概念深入人心，从而带动产品销售。

（三）通过升级体验服务创造良好口碑是塑造的新要求

正如一些学者所言，随着消费者观念的变化，现在已进入"体验式"消费甚至是"参与式"消费的阶段，消费体验日渐重要。从以产品为中心的4P营销到以顾客为中心的4C营销，再到新兴的4R营销和4I营销，传播营销越来越重视体验性、互动性、个性化①。消费者购买、使用产品除了追求功能的满足，还追求情感的满足，这时品牌服务显得尤为重要。

一次满意的消费体验会吸引消费者继续选购，甚至推荐他人选购，而一次糟糕的经历则会影响消费者的购买行为，最终导致品牌美誉度下降。调查发现，消费体验是影响消费者选择购买行为的重要因素之一，而本土化妆品品牌在消费体验方面并未使消费者满意，这说明本土化妆品进行品牌塑造时需要升级体验服务。

因此，本土化妆品品牌可以制定相关规范章程，对员工进行服务培训，在实体店设置产品体验区或采用其他方式提升自己的服务。这样产品与服务相辅相成，为消费者创造美好的购物体验，进而增强用户黏性，与此同时，

---

① 4P指Product（产品）、Price（价格）、Place（渠道）和Promotion（宣传）；4C指Customer（顾客）、Cost（成本）、Convenience（便利）和Communication（沟通）；4R指Relevancy（关联）、Reaction（反应）、Relationship（关系）和Reward（报酬）；4I指趣味Interesting（原则）、Interests（利益原则）、Interaction（互动原则）和Individuality（个性原则）。

品牌在消费者心中树立良好的形象，通过人际传播或二次传播的方式吸引、扩大用户群。

在北京西单大悦城商场的化妆品专区，一些品牌联合打造了独特的体验服务。西单大悦城的目标消费群体为 20~35 岁的年轻人，尤其是新兴白领，他们有足够的消费欲望，因而进驻这里的品牌年轻化、时尚化、个性化。改造前，化妆品专区位于一楼，改造后拓展了空间，连接到二楼，将走廊都利用起来，进行个性化的区域划分和布置，并且设置专门的体验区，走入商场的消费者不禁感叹：原来这是体验区！

2016 年夏季，韩国出现了个人定制护肤品，而这正是体验消费升级的新趋势。在传统模式下，化妆品往往由厂家主导生产，并没有根据每个消费者的皮肤问题研发与生产，但是定制方式可以顾及消费者的护肤习惯和特殊要求，真正做到体验、参与式消费。

本土化妆品品牌进行品牌塑造时应当多向这些新趋势和潮流借鉴经验，升级体验服务，让消费者愉悦消费，进而获得消费者的青睐。这是当代传播环境下塑造品牌的新要求。

（四）运用传播组合拳宣传品牌主张是塑造的保障

品牌传播是连接品牌和消费者的一切。正如舒尔茨等人认为的那样，可以将品牌传播理解为品牌拥有者和品牌购买者之间交流的任何意义，这个意义可以基于物质、情绪或者是感知上的价值，这种交流可以以任何方式存在，在任何时间发生[①]。

服务于品牌塑造的品牌传播环节也必须适应新品牌的策划与创意，或者需要创新传播内容，或者需要变革传播渠道，或者需要在形式上玩出花样，顺应时代的变化，顺应消费者的需求，这样才能与消费者很好地沟通，起到变革旧品牌、塑造新品牌的作用。这也是消费者了解或知道一个品牌发生变化最直接的方式。

本土化妆品进行品牌塑造时，需要去传播全新的品牌形象，改变消费者的原有认知。前文的调查数据显示，各项品牌传播活动在连接消费者、提高品牌的知名度方面能够有效发挥作用，尤其是广告、品牌促销活动以及新媒

---

① 舒尔茨，巴恩斯，阿扎罗，等. 重塑消费者：品牌关系［M］. 沈虹，郭嘉，王维维，等译. 北京：机械工业出版社，2015：16.

体宣传活动，更容易传播品牌、影响消费者。如今已进入整合传播的时代，本土化妆品进行品牌塑造时需要运用好传播组合拳，做到传播全方位、立体化，在此基础上有所突出和侧重，尤其是在广告表现和新媒体宣传方面。广告表现从视觉、内容、立意、听觉等方面都应当创新、重视效果，尤其应该借鉴外国化妆品品牌的广告表现手法。品牌要顺应互联网发展和年轻消费者的媒体接触习惯，则需要在新媒体传播阵地上玩出新高度。

以兰蔻为例，作为国际一线品牌，兰蔻因其悠久的品牌历史、优良的品质、法式经典的迷人气质维持了较高的消费者忠诚度，但是其每年仍会进行大笔的广告投入，护肤、唇妆、周年宣传片，不同产品、不同系列的广告大片纷至沓来，而后总能在广告界刮起一股旋风，震撼消费者，俘获消费者的芳心。兰蔻小黑瓶的广告台词"What makes women feel beautiful"激发了许多爱美女性的消费欲望。

兰蔻作为化妆品品牌国际传播的鼻祖，虽然在广告经费投入力度、品牌创新策划方面，本土品牌无法望其项背，但本土品牌应当有意识地去学习和借鉴，这样才能提升自己的传播能力，加强与消费者的联系，建设强势品牌，逐渐缩小与外国品牌的差距。

（五）本土品牌应当塑造消费者心理共筑品牌自信

社会学上讲，每个个体，表面上看似乎是独立的，但真实情况是，个体置身于社会大环境中，与他人相互关联，无时无刻不受到外界环境的影响，也就是说，个体并不是独立存在的。作为社会人，个体的心理和行为会被他人影响，有时为了符合他人的社会期待，个体会扮演各种角色，一个非常显著的表现就是从众心理，即别人这么做，自己也这么做，尤其是在化妆品消费领域。

在国人心中，本土化妆品品牌目前还无法与外国化妆品品牌比肩，外国化妆品品牌"高大上"，本土化妆品品牌没品位。国人为什么会有这种认识？一方面的原因是，本土化妆品品牌确实与外国知名化妆品品牌存在差距，另一方面的原因是国人的自卑心理和虚荣心理造成了扭曲的消费观，在心理层面推崇外国品牌，进而影响选购行为，尤其是一些年轻消费者。

需要强调的是，随着我国综合国力的提升以及现代科技的发展，本土化妆品品牌经历了翻天覆地的变化，品牌自身在变革创新，同时也需要消费者的品牌自信和支持。本土化妆品品牌进行品牌塑造时，一方面要注意产品形象的塑造，另一方面要注意消费者观念的引导，积极改变消费者的感知，使其改变旧观念，逐渐接纳、信任本土化妆品品牌。这也是本文选取消费者感知角度进行研究的内在原因。

第一，中国制造（即通常消费者所言的 Made In China）在某种程度上是实力的展现。很多外国化妆品品牌实行贴牌生产，在我国生产灌装，再贴上它们的品牌。这说明本土化妆品企业具有相关技术和生产制造能力。本土化妆品品牌进行品牌塑造时要重视技术的引进和研发，更要向消费者展示和证明自己不比外国品牌差，要用事实说话。

第二，价格和功效精确划分，让消费者感知不模糊。消费者认为本土化妆品品牌品质差的一个非常重要的原因是本土化妆品良莠不齐，种类、功效繁多，价格分档与质量不匹配，高价位的产品并没有高的性价比。本土化妆品品牌进行品牌塑造时需要对产品价格和功效精确划分，明确品牌的核心优势是什么，不同产品侧重于何种功效，价格是否经过了严格的市场对比和分析。当这些都明确的时候，消费者才会信任并选择本土化妆品品牌。

我国历史源远流长，中华文化博大精深，这样一个伟大的民族，她的人民有什么理由不自信？我国国家领导人多次向外国推荐中国品牌，作为中华儿女，我们应该有十足的底气信任和支持本土化妆品品牌。我们坚信，今后还会有更多的中国品牌走出国门，中国化妆品品牌必将绽放于世界舞台之上！

四、典型的品牌塑造案例

纵观大大小小的本土化妆品品牌，比较有代表性的经历塑造或正在塑造的本土化妆品品牌是百雀羚。作为比较有名的本土化妆品品牌，百雀羚历史悠久但发展受阻，在做了市场调研后，百雀羚开启了定位、设计、传播领域的革命，最后成为颇具竞争力的本土化妆品品牌，是本土化妆品品牌塑造的典型代表。

任何脱离消费者调查环节的策划，无异于纸上谈兵，消费者的体验评价是品牌塑造的重要参考。正如一位学者所言，百雀羚的品牌塑造之路不是一条新路，而是一条消费者的"心"路[①]。下文将分析其品牌塑造策略与启示。

---

① 高源，陈海超. 百雀羚：老树新花有秘密［J］. 销售与市场，2013（2）：57.

（一）草本与技术共振以提升品质功效

"传统""诚信可靠""国货"是消费者赋予百雀羚的主要标签，反映了本土品牌踏实可信的品质。但也正是这样的标签，限制了消费者对百雀羚的认知，使得百雀羚品牌形象老化，离年轻消费者越来越远，只能维系中老年消费者的好感与忠诚。年轻消费者对百雀羚最直接的印象和评价是它定位于中老年人，和年轻人不相关。此外，随着外国品牌的涌入，使用百雀羚的年轻消费者少之又少。而在日渐成熟的我国市场上，年轻消费者正成为化妆品消费的主力军。为了激活品牌，吸引年轻消费群体，百雀羚进行了重新定位。

其一，用天然、草本、安全的护肤理念影响更广泛的消费人群，以中国特色赢得消费者信赖。"天然不刺激，百雀羚草本"的品牌口号将百雀羚的主要特色定位于草本精粹、安全护肤，迅速吸引了消费者。首先，随着社会经济的发展，消费者对化妆品的需求已经超越了基本的修饰、美化功能，在基础需求得到满足的基础上，他们更注重产品的安全性，关注产品的成分及长期使用对皮肤的影响，尤其是一些年轻消费者，他们对生活理念和生活品质尤为重视，而百雀羚提出的草本安全护肤理念恰好契合了消费者的需求。其次，改革开放后，我国化妆品市场长期被外国大品牌占据，欧美品牌，如人们耳熟能详的欧莱雅、兰蔻、雅诗兰黛等抢得先机占领中高端市场，随后进入的日韩品牌以其补水保湿的优势"笼络"了大批年轻消费者，本土品牌要想分得一杯羹变得异常艰难。在众多品牌中脱颖而出的一个方法即是扬长避短。"草本"在我国有上千年的历史，底蕴丰厚、博大精深，利用中草药护肤养生古已有之，而这恰恰是外国品牌无法企及的。近年来，消费者的健康意识增强，加之环境问题的加剧，化妆品的成分与安全性成为重要的关注点。因此，天然、草本的品牌主张获得许多消费者的青睐。

其二，注重研发与技术提升，增强功效，用质量说话，获得消费者的认可。长期以来，本土化妆品因没有进行足够的研发与技术投入，在质量上难以与外国品牌相抗衡，自然很难获得消费者的支持。百雀羚品牌意识到这一短板后，在技术上力求提升。在化妆品研发与生产方面，传统的植物元素提取方法会破坏草本的活性成分，缩短其保存时间，尤其是在高温状态下。百雀羚采用"冷浸泡萃取技术"，使植物元素的活性和完整性得到最大限度的保留，使产品的植物功效得以最大化地发挥；同时，百雀羚从我国古代医学圣典中探寻护肤之法，并将其与现代科技相结合，打造草本护肤产品，真正做到安全不刺激。针对消费者的不同需求，百雀羚进行了不同系列的研发，如百雀羚水能量、肌初赋活、至臻皙白、三生花以及针对男性消费者的男士系列等，这些系列都注重技术研发，体现特色，使功效最大化，因而这些产品也获得了不错的销量和口碑。

（二）时尚与经典融合以革新品牌面貌

为了扩大消费群体，百雀羚进行了新的品牌定位，随之进行了全新的品牌设计。消费者对品牌的感知，一项重要的因素是外在的视觉识别系统。对化妆品品牌而言，视觉识别系统主要包括品牌名称、品牌LOGO、外观设计、品牌包装、店铺陈设以及企业官网建设，这些视觉符号对品牌形象的传达意义重大。

其一，外观与包装充满绿意、色调清新，彰显草本核心理念又不失特色。众所周知，手掌大小的蓝色圆形铁盒，一只小鸟站立枝头，打开盖子里的那层薄薄的银色锡纸后，露出馨香四溢的白色膏体，这是百雀羚在消费者心中的经典形象。升级换代之后的百雀羚，除了少数产品继续保留部分怀旧元素外，大部分产品在设计和包装方面焕然一新，产品外观、包装都以草绿色为主色调，植物图形搭配其中。瓶身形状为天圆地方，寓示着将天地间草本的精华盛装其中，将天然安全的产品带给消费者。"天圆地方"及"天人合一"的注解、追求人类与自然和谐的生活方式、展现草本理念的清新自然的画风，将我国传统生活理念和终极追求与产品相结合，在一定程度上拉近了产品与国内消费者的情感距离，获得了消费者的支持和认可，对国外消费者而言，则增加了一份神秘感，激发其好奇欲。此外，在保持整体基调的情况下，部分产品在设计上凸显独特的民族风，其三生花系列产品用传统的插画艺术展示东方女性的柔婉动人，整体设计浪漫精致，既给消费者清新亮丽的感觉，又不失独特性。

其二，陈列讲究、官网引人探索，整体风格协调统一。现在，国内的大部分化妆品超市及二、三线城市的专卖店，都入驻了百雀羚品牌。笔者曾走入北京某化妆品店内，发现百雀羚产品的陈列，风格清新、明丽整洁，能吸引消费者驻足选购。百雀羚的官网也是其重要销售渠道，其官网以草绿色为主色调，分为不同的模块和产品系列与展示区，明星代言与品牌口号轮番滚动播放，加深消费者的品牌印象，设有口碑心得和粉丝留言板块与消费者及时互动。另外，在风格呈现方面值得一提的是，百雀羚的广告表现、相关品牌宣传活动也都承袭"草本绿色、生态美肌"的风格。整体而言，百雀羚整体风格协调统一，展现"天然草本、安全护肤"的品牌主张，强化消费者的品牌感知。

（三）整合传播提升传播效率

在品牌塑造过程中，品牌的重新定位是基础和指引，品牌设计是中间的打造呈现环节，而品牌传播则是真正与消费者接触的关键环节。在重新定位、理念诠释、创新技术、革新设计这些"内功"修炼好之后，百雀羚品牌进行了大手笔、大规模、全方位的品牌传播活动。

其一，以广告为先导迅速吸引媒体、消费者的眼球，借助品牌赞助活动增强品牌影响力。重塑后的百雀羚，第一个广告选择莫文蔚为品牌代言人，其"国际范"与"时尚范"奠定了品牌高度，既保证了原有品牌印象的迁移，也在年轻消费群体心中播下一颗时尚的种子，实现了传统与时尚两种文化元素的碰撞，使百雀羚的品牌文化从百年积淀中焕发出新魅力[①]。以莫文蔚为代言人的第一个广告迅速吸引了消费者的关注，尤其是"80""90"后，之后百雀羚选择了周杰伦和李冰冰作为品牌代言人，继续提高市场热度，并进一步吸引男性消费者，不变的是"天然不刺激、草本护肤"理念，变化的是消费者越来越多的热情和选购。广告宣传先声夺人后，百雀羚的品牌赞助活动点燃了人们的消费热情，百雀羚花重金冠名娱乐节目，展开娱乐营销，冠名赞助《中国好声音》，使"中国好声音、中国好草本"的品牌口号随着《中国好声音》的热播传遍大江南北。

其二，"国礼"掀起全民热潮，促销活动"一箭双雕"。2013 年，百雀羚被作为国礼赠予了外宾，百雀羚成为街头的热议，并备受追捧，在一些商铺，百雀羚产品供不应求，经常断货。也正是这次在国际舞台上的亮相，大幅提升了百雀羚的知名度和品牌关注度，百雀羚引领了新一轮的本土品牌消费热潮，这也预示着经典国货百雀羚的强势回归。借助"国礼"传播的余温，百雀羚开展了大规模的品牌促销活动，在其官网及其他互联网平台上，都进行了折价促销活动，使其价格在年轻一族的消费能力范围内，获得年轻消费者的支持。这样一方面增加了产品销量，另一方面传播了品牌，可谓"一箭双雕"。

---

① 张冠琼. 谁在购买百雀羚 国货老品牌复兴之后的消费者心理研究 [J]. 现代商业，2012（18）：22.

其三，新媒体传播效应强，O2O平台营销成国货"女王"。互联网技术的突飞猛进使以新媒体为代表的新兴传播方式备受瞩目，新媒体传播成为品牌营销的重要阵地。百雀羚官方微博联合其他微博达人开展微博营销，播报活动内容、奖品赠送、参与人数、最新战况等实时情况，获得了极大的讨论量和极高的关注度。其微信平台展示品牌的最新动态，设立草本讲堂，帮助消费者查询产品，宣讲优惠活动，吸引消费者阅读和参与。与其他本土品牌相比可以发现，百雀羚的微信公众号在品牌互动方面独树一帜。借助微信平台，百雀羚发起了"晒出你的美""我的梦想""一人一句吐槽"等活动，与消费者亲密互动，获得了消费者的持续关注。除此之外，百雀羚积极与淘宝网、聚美优品、唯品会等美妆平台展开深度合作，2015年"双十一"购物狂欢节，百雀羚夺魁，加冕美妆国货"女王"，在2017年的唯品会美妆大促中，百雀羚获得了不俗的销量，一些产品活动一开始就被抢购一空。线上平台的消费热度不输线下，而这也成为当今品牌传播的趋势和潮流。

（四）百雀羚品牌塑造小结

综上所述，百雀羚品牌塑造在以下几方面独树一帜，占领了竞争制高点。

第一，草本安全理念，获消费者青睐。消费者在追求美丽的同时，更注重自身的安全。百雀羚天然不刺激的品牌口号直击消费者痛点，迅速获得消费者的关注。现代消费者更加注重生活品位和理念，某种程度上这也契合了当下消费者崇尚健康生活理念的追求。这给本土品牌带来启示，要结合自身和消费者的需求去挖掘品牌理念，并将其传达给消费者，在竞争中为自己增加制胜砝码。

第二，全新的品牌设计塑造了全新的形象。消费者心中根深蒂固的观念往往需要新的强有力的刺激才能改变。革新品牌包装、外观设计，使之更具时尚感；广告代言人贴合现代年轻人的审美和情感认同；讲究陈列，风格统一鲜明，识别性强：这些力量的聚合使得百雀羚的品牌形象更加年轻、时尚。这也启示其他本土品牌在塑造品牌时，若需要革新设计，就需要从各个方面不断强化品牌新形象。

第三，品牌传播的方法灵活多样，重点关注某些方面。从百雀羚的品牌传播活动中不难发现，百雀羚的品牌传播行为可谓花样繁多，如全新打造的广告，全方位的品牌赞助活动，配合品牌传播的促销活动以及事件营销等，百雀羚在品牌的传播上"使出了浑身解数"。但同时要注意，百雀羚的品牌传播有巧妙之处。首先，通过广告传播新形象和理念，这也是消费者接触最多的传播渠道，因而最大限度地扩大了传播面，并抢占了先机，之后，其他的品牌传播活动顺理成章地有效展开，不断提高品牌的知名度。其次，在移动互联网环境下，新媒体传播卓有成效。相比而言，百雀羚在O2O平台上的品牌推广力度比在线下的还要大，并取得了不俗的成绩，在微信平台上非常注重互动性和参与性。这些启示其他本土品牌要掌握好传播时机，选择正确的传播方式，同时，要把握好现代消费者的心理，将新媒体传播有效运用起来，为品牌传播助力。

除了上述三个非常明显的特点外，另外要说明的是，百雀羚品牌塑造在树立消费者品牌自信、完善品牌体验方面的努力。

品牌服务与体验方面，百雀羚没有专门的实体店，通过化妆品超市和商场专柜销售，线上销售为主要的销售渠道。虽然线下与消费者接触得较少，但总体而言，百雀羚的售后服务较好，真伪查询等服务完善，质量功效获得了消费者的认可，消费者的体验较好，因而百雀羚获得了良好的口碑。

百雀羚在品牌定位、品牌设计、品牌传播几个环节对品牌塑造进行了有益探索，希望百雀羚的经验可以带给其他本土品牌一些借鉴和参考；但同时也要注意到，并不是说百雀羚品牌塑造完美无缺，在今后的发展中，不断改进和完善才是正确的态度。

本土化妆品品牌应该结合自身特点，展开创新，又不失独特性，最终使本土化妆品品牌百花齐放，促进本土化妆品品牌在建设发展中日益革新、不断进取，提升本土化妆品品牌的整体竞争力。

品牌不仅有国界，而且代表着一个国家的核心竞争力、民族凝聚力和国家利益。以拥有众多国际知名品牌的美国为例，可口可乐、苹果、麦当劳、福特、花旗、微软等这些品牌已经遍布全球，为全球消费者所熟知，并促进了世界经济的发展，但它们创造的利润大部分属于美国。

作为世界制造大国的中国，具有世界一流的生产及加工能力，为什么不能拥有众多具有中国烙印的世界知名品牌呢？中国创意、中国创造何时占据世界舞台？凤凰卫视董事局主席兼行政总裁刘长乐曾经提过，中国是一个品牌的贫国，更是图腾性品牌的贫国。没有一个强有力的品牌战略，锻造不出图腾性的品牌；当然，没有图腾性的品牌，永远成就不了品牌大国。

纵观我国本土企业，虽然在品牌诉求上一直强调民族特性，但真正找准产品的民族特色、将产品赋予民族文化内涵的却鲜有几家，如同仁堂这样具有民族个性的品牌可谓万中无一。民族品牌要将我国的民族文化精练到极致，成为中华文明的物质载体之一，并在保持文化底蕴的同时融入时代内涵、赋予时代意义。以文化为介质营销产品，借助具有我国特色的产品弘扬中华优秀文化，与消费者建立情感认同，这些是相辅相成的。

附录1 化妆品品牌个性特质词

附表1 已有量表中的词汇

现实的、实际的	诚实的、正直的	感情用事的、多愁善感的	可靠的、可以信赖的	坚强的、强壮的	粗犷的、坚毅的
以家庭为导向的	小镇的、质朴的	真诚的、诚挚的	真实的、实在的	有益健康的、安全的	最早的、原创的
高兴的、令人愉悦的	友好的、友善的	大胆的、勇敢的	时髦的、流行的	令人激动的、刺激的	生气勃勃的、猛烈的
冷静的、从容的	年轻的、朝气蓬勃的	有想象力的、有创造力的	珍稀的、独一无二的	最新的、当前的	独立的、有主见的
当代的、同时代的	勤奋的、努力工作的	安心的、安全的	聪明的、有智慧的	科技的、专业的	整体的、共同的
成功的、有成就的	有领袖气质的、领先的	自信的、自负的	上流社会的、高级的	迷人的、有魅力的	漂亮的、美丽的
迷人的、诱人的	有女性气质的、有女人味的	光滑的、细腻的	户外的、爱好野外活动的	有男子气概的、阳刚的	西方的、有西方特征的
稳定的、稳重的	负责的、有责任感的	一贯的、始终如一的	可靠的、值得信赖的	理性的、理智的	积极的、活跃的
动感的、精力充沛的	革新的、创新的	热爱冒险的、自由奔放的	活泼的、生动的	有活力的、精力充沛的	有进取心的、好强的
无畏的、大胆的	做作的、自命不凡的	普通的、平凡的	简单的、单纯的	真实的、真诚的	创新的、有创造力的
浪漫的、多情的	稳定的、稳固的	易激动的、易动感情的			

附表 2   **本土品牌个性量表**

序号	维度	特质词	数量（个）
1	仁	平和的、环保的、和谐的、仁慈的、家庭的、温馨的、经济的、正直的、有义气的、忠诚的、务实的、勤奋的	12
2	智	专业的、权威的、可信赖的、专家的、有领袖气质的、沉稳的、成熟的、负责任的、严谨的、创新的、有文化的	11
3	勇	勇敢的、威严的、果断的、动感的、奔放的、强壮的、新颖的、粗犷的	8
4	乐	欢乐的、吉祥的、乐观的、自信的、积极的、酷的、时尚的	7
5	雅	高雅的、浪漫的、有品位的、体面的、气派的、有魅力的、美丽的	7
合计			45

附表 3   **化妆品官方网站词**

序号	特质词	数量（个）
1	奢侈的、非凡的、优雅的、高贵的、娇柔的、神秘的、古典的	7
2	艺术的、美学的、感性的、发自内心的（向往精神世界丰富多彩的）、热爱生活的	5
3	温和的、亲切的、自然的、天然的、纯净的、水润的、气味芳香的、关爱的、值得信赖的	9
4	先驱的、主导的、远见卓识的、启发人心的、打破界限的、超越想象的	6
5	干练的、严格的、精细的、一丝不苟的、不懈追求的	5
6	永恒（不朽）的、现代的、本土的、国际的、细腻的、大胆的、	6
合计		38

附表 4   **初始词汇池**

序号	词汇	数量（个）
1	大胆的、勇敢的、无畏的、热爱冒险的、刺激的、令人激动的、好强的、有进取心的、独立的、有主见的、自信的、自负的、自命不凡的、做作的	14

续表

序号	词汇	数量（个）
2	可靠的、值得信赖的、负责的、有责任感的、有义气的、有益健康的、安全的、安心的、稳定的、稳固的、稳重的、沉稳的、一贯的、始终如一的	14
3	年轻的、积极的、活跃的、活泼的、生动的、有活力的、动感的、自由奔放的、精力充沛的、生气勃勃的、朝气蓬勃的、猛烈的、	12
4	现实的、实际的、真实的、实在的、务实的、诚实的、正直的、忠诚的、真诚的、诚挚的	10
5	以家庭为导向的、质朴的、小镇的、平凡的、普通的、简单的、单纯的、环保的、经济的、和谐的	10
6	最早的、原创的、最新的、当前的、当代的、同时代的、时尚的、时髦的、流行的、酷的	10
7	高兴的、欢乐的、令人愉悦的、乐观的、友好的、友善的、温馨的、仁慈的	8
8	新颖的、革新的、创新的、有创造力的、有想象力的、聪明的、有智慧的、有文化的	8
9	珍稀的、独一无二的、上流社会的、高级的、高雅的、有品位的、体面的、气派的	8
10	美丽的、漂亮的、迷人的、有魅力的、诱人的、有女人味的、光滑的、细腻的	8
11	户外的、爱好野外活动的、有男子气概的、阳刚的、坚强的、坚毅的、强壮的、粗犷的	8
12	冷静的、从容的、理智的、理性的、平和的、严谨的、成熟的	7
13	勤奋的、努力工作的、成功的、有成就的、有领袖气质的、领先的、果断的	7
14	浪漫的、多情的、感情用事的、多愁善感的、易激动的、易动感情的	6
15	科技的、专业的、专家的、权威的、威严的	5
16	整体的、共同的	2
17	西方的、（东方）吉祥的	2
合计		139

附表5　　　　　　　　　最终筛选结果（42个）

序号	中文	英文	序号	中文	英文
1	勇敢的	Bold	22	含蓄的	Restrained
2	质朴的	Small – town	23	时尚的	Trendy
3	浪漫的	Romantic	24	神秘的	Mysterious
4	娇柔的	Feminine	25	优雅的	Elegant
5	友善的	Friendly	26	独立的	Independent
6	坚强的	Tough	27	古典的	Classical
7	活泼的	Lively	28	好强的	Aggressive
8	细腻的	Smooth	29	有智慧的	Intelligent
9	奢侈的	Luxurious	30	有魅力的	Glamorous
10	理智的	Rational	31	有远见的	Visionary
11	真诚的	Sincere	32	有品位的	Good – taste
12	自信的	Confident	33	多愁善感的	Sentimental
13	稳重的	Stable	34	有领袖气质的	Charismatically
14	平凡的	Ordinary	35	勇于创新的	Innovative
15	正直的	Honest	36	令人愉悦的	Cheerful
16	奔放的	Free	37	值得信赖的	Trustworthy
17	单纯的	Simple	38	始终如一的	Consistent
18	传奇的	Legendary	39	独一无二的	Unique
19	权威的	Technical	40	热爱冒险的	Adventurous
20	勤奋的	Hard – working	41	热爱生活的	Life – loving
21	务实的	Down – to – earth	42	关爱自然的	Nature – caring

附录2 化妆品品牌个性维度量表开发问卷

尊敬的受访者：

您好！

感谢您抽时间参与本问卷的调查。本研究的目的是开发化妆品品牌个性维度量表。问卷中共有3个国内外化妆品品牌，请您根据您对这些品牌的所有认知，填写这份问卷。您所提供的一切信息将仅作为学术研究之用。

第 一 部 分

如果将下列化妆品品牌分别想象成一个人，根据您的了解，这个人具有什么样的性格特征？在每个品牌对应的表格中已经给出了一系列可以用来描述品牌个性特征的词汇，您认为每个词汇符合该品牌的性格特征吗？请根据符合程度在合适的数字上打钩或画圈（如果是电子问卷，请将数字变为红色）。

品牌1：雅诗兰黛

附表6 雅诗兰黛品牌个性特征调查

特质词	非常符合	比较符合	一般	比较不符合	非常不符合
勇敢的	5	4	3	2	1
质朴的	5	4	3	2	1
浪漫的	5	4	3	2	1
娇柔的	5	4	3	2	1
友善的	5	4	3	2	1
坚强的	5	4	3	2	1
活泼的	5	4	3	2	1
细腻的	5	4	3	2	1
奢侈的	5	4	3	2	1

特质词	非常符合	比较符合	一般	比较不符合	非常不符合
理智的	5	4	3	2	1
真诚的	5	4	3	2	1
自信的	5	4	3	2	1
稳重的	5	4	3	2	1
平凡的	5	4	3	2	1
正直的	5	4	3	2	1
奔放的	5	4	3	2	1
单纯的	5	4	3	2	1
传奇的	5	4	3	2	1
权威的	5	4	3	2	1
勤奋的	5	4	3	2	1
务实的	5	4	3	2	1
含蓄的	5	4	3	2	1
时尚的	5	4	3	2	1
神秘的	5	4	3	2	1
优雅的	5	4	3	2	1
独立的	5	4	3	2	1
古典的	5	4	3	2	1
好强的	5	4	3	2	1
有智慧的	5	4	3	2	1
有魅力的	5	4	3	2	1
有远见的	5	4	3	2	1
有品位的	5	4	3	2	1
多愁善感的	5	4	3	2	1
有领袖气质的	5	4	3	2	1
勇于创新的	5	4	3	2	1
令人愉悦的	5	4	3	2	1
值得信赖的	5	4	3	2	1
始终如一的	5	4	3	2	1

特质词	非常符合	比较符合	一般	比较不符合	非常不符合
独一无二的	5	4	3	2	1
热爱冒险的	5	4	3	2	1
热爱生活的	5	4	3	2	1
关爱自然的	5	4	3	2	1

品牌 2：欧舒丹

附表 7　　　　　　　　欧舒丹品牌个性特征调查

特质词	非常符合	比较符合	一般	比较不符合	非常不符合
勇敢的	5	4	3	2	1
质朴的	5	4	3	2	1
浪漫的	5	4	3	2	1
娇柔的	5	4	3	2	1
友善的	5	4	3	2	1
坚强的	5	4	3	2	1
活泼的	5	4	3	2	1
细腻的	5	4	3	2	1
奢侈的	5	4	3	2	1
理智的	5	4	3	2	1
真诚的	5	4	3	2	1
自信的	5	4	3	2	1
稳重的	5	4	3	2	1
平凡的	5	4	3	2	1
正直的	5	4	3	2	1
奔放的	5	4	3	2	1
单纯的	5	4	3	2	1
传奇的	5	4	3	2	1
权威的	5	4	3	2	1
勤奋的	5	4	3	2	1
务实的	5	4	3	2	1

续表

特质词	非常符合	比较符合	一般	比较不符合	非常不符合
含蓄的	5	4	3	2	1
时尚的	5	4	3	2	1
神秘的	5	4	3	2	1
优雅的	5	4	3	2	1
独立的	5	4	3	2	1
古典的	5	4	3	2	1
好强的	5	4	3	2	1
有智慧的	5	4	3	2	1
有魅力的	5	4	3	2	1
有远见的	5	4	3	2	1
有品位的	5	4	3	2	1
多愁善感的	5	4	3	2	1
有领袖气质的	5	4	3	2	1
勇于创新的	5	4	3	2	1
令人愉悦的	5	4	3	2	1
值得信赖的	5	4	3	2	1
始终如一的	5	4	3	2	1
独一无二的	5	4	3	2	1
热爱冒险的	5	4	3	2	1
热爱生活的	5	4	3	2	1
关爱自然的	5	4	3	2	1

品牌 3：菲诗小铺

附表 8　　　　　　　　菲诗小铺品牌个性特征调查

特质词	非常符合	比较符合	一般	比较不符合	非常不符合
勇敢的	5	4	3	2	1
质朴的	5	4	3	2	1
浪漫的	5	4	3	2	1
娇柔的	5	4	3	2	1

特质词	非常符合	比较符合	一般	比较不符合	非常不符合
友善的	5	4	3	2	1
坚强的	5	4	3	2	1
活泼的	5	4	3	2	1
细腻的	5	4	3	2	1
奢侈的	5	4	3	2	1
理智的	5	4	3	2	1
真诚的	5	4	3	2	1
自信的	5	4	3	2	1
稳重的	5	4	3	2	1
平凡的	5	4	3	2	1
正直的	5	4	3	2	1
奔放的	5	4	3	2	1
单纯的	5	4	3	2	1
传奇的	5	4	3	2	1
权威的	5	4	3	2	1
勤奋的	5	4	3	2	1
务实的	5	4	3	2	1
含蓄的	5	4	3	2	1
时尚的	5	4	3	2	1
神秘的	5	4	3	2	1
优雅的	5	4	3	2	1
独立的	5	4	3	2	1
古典的	5	4	3	2	1
好强的	5	4	3	2	1
有智慧的	5	4	3	2	1
有魅力的	5	4	3	2	1
有远见的	5	4	3	2	1
有品位的	5	4	3	2	1
多愁善感的	5	4	3	2	1

续表

特质词	非常符合	比较符合	一般	比较不符合	非常不符合
有领袖气质的	5	4	3	2	1
勇于创新的	5	4	3	2	1
令人愉悦的	5	4	3	2	1
值得信赖的	5	4	3	2	1
始终如一的	5	4	3	2	1
独一无二的	5	4	3	2	1
热爱冒险的	5	4	3	2	1
热爱生活的	5	4	3	2	1
关爱自然的	5	4	3	2	1

第 二 部 分

1. 上述 3 个品牌中是否存在您完全不了解以至于无法作答的品牌？

A. 没有　　　　　　　B. 有（请写出是什么品牌_____）

2. 您的性别。

A. 男　　　　　　　B. 女

3. 您的年龄。

_____

问卷内容已结束，再次感谢您的配合！

附录3　女性消费者自我概念与化妆品品牌个性调查问卷

尊敬的女士：

您好！

感谢您抽出宝贵的时间参加本问卷调查！

本调查旨在研究女性消费者自我概念与化妆品品牌个性的关系。请您根据实际情况填写问卷，答案无对错之分，您的诚实回答将成为本研究的重要依据。此问卷采取不记名作答方式，您所提供的一切信息将仅进行学术研究，请您放心作答。

第一部分　自我概念

本部分旨在了解您如何看待自我。您是否认同下表中给出的一系列描述性语句？请根据同意程度在对应的数字上打钩或画圈（如是电子问卷，请将数字变色）。

附表9　　　　　　　　　　　如何看待自我

描述性语句	非常同意	比较同意	无所谓	比较不同意	非常不同意
1. 合适的妆容和服饰有助于我增强自信心、展现魅力及品位	5	4	3	2	1
2. 我热爱烹饪，喜欢饲养宠物和种植植物	5	4	3	2	1
3. 相比我自己的生活，我更注重家人的生活质量	5	4	3	2	1
4. 我喜欢将生活和工作的空间布置得有情调	5	4	3	2	1

续表

描述性语句	非常 同意	比较 同意	无所谓	比较 不同意	非常 不同意
5. 人生的幸福来自内心的自由宁静，与消费享受或社会声望无关	5	4	3	2	1
6. 我关注时尚，喜欢社交	5	4	3	2	1
7. 现代女性必须拥有独立的事业和物质财富	5	4	3	2	1
8. 现代女性应该通过不断的学习来提升自己的能力与修养	5	4	3	2	1
9. 我情感丰富，喜欢倾诉与倾听	5	4	3	2	1
10. 真正的美是与自然保持和谐，不需要华丽的外在妆饰	5	4	3	2	1
11. 做贤妻良母、相夫教子是女人的美德与本分	5	4	3	2	1
12. 保养皮肤和保持身材对女性的生活和工作都非常重要	5	4	3	2	1
13. 我有自己的信仰	5	4	3	2	1
14. 丈夫或子女的成功也就是我的成功	5	4	3	2	1
15. 事业成就和社会地位是我追求的目标	5	4	3	2	1

第二部分　购买习惯/品牌偏好

1. 请写出您经常购买的一个化妆品品牌_____。

2. 您对于该品牌有怎样的认知？是否认同下表中语句的描述？请根据认同程度在对应的数字上打钩或画圈（如果是电子问卷，请将数字变色）。

附表10　　　　　　　　如何看待某化妆品品牌

描述	非常 同意	比较 同意	无所谓	比较 不同意	非常 不同意
1. 我对该品牌的产品总体印象很好	5	4	3	2	1
2. 我非常喜爱这个品牌	5	4	3	2	1

续表

描述	非常 同意	比较 同意	无所谓	比较 不同意	非常 不同意
3. 该品牌的产品质量高	5	4	3	2	1
4. 我对该品牌的产品很满意	5	4	3	2	1
5. 该品牌的产品令人愉快	5	4	3	2	1

第三部分　品牌个性

如果将上一部分中您填写的品牌想象成一个人，您认为这个人具有什么样的性格特征？下表中已经给出一系列可以用来描述个性特征的词，您认为每个词与该品牌的性格相符吗？请根据符合程度在对应的数字上打钩或画圈（如是电子问卷，请将数字变色）。

附表 11　　品牌个性调查

特征词	非常符合	比较符合	一般	比较不符合	非常不符合
传奇的	5	4	3	2	1
务实的	5	4	3	2	1
关爱自然的	5	4	3	2	1
有智慧的	5	4	3	2	1
娇柔的	5	4	3	2	1
热爱生活的	5	4	3	2	1
权威的	5	4	3	2	1
平凡的	5	4	3	2	1
值得信赖的	5	4	3	2	1
自信的	5	4	3	2	1
有魅力的	5	4	3	2	1
浪漫的	5	4	3	2	1
多愁善感的	5	4	3	2	1
神秘的	5	4	3	2	1
质朴的	5	4	3	2	1

续表

特征词	非常符合	比较符合	一般	比较不符合	非常不符合
令人愉悦的	5	4	3	2	1
独立的	5	4	3	2	1
细腻的	5	4	3	2	1
热爱冒险的	5	4	3	2	1
奢侈的	5	4	3	2	1
含蓄的	5	4	3	2	1
有远见的	5	4	3	2	1
始终如一的	5	4	3	2	1
好强的	5	4	3	2	1
真诚的	5	4	3	2	1
独一无二的	5	4	3	2	1
时尚的	5	4	3	2	1
正直的	5	4	3	2	1
有领袖气质的	5	4	3	2	1
勤奋的	5	4	3	2	1
友善的	5	4	3	2	1
勇于创新的	5	4	3	2	1
有品位的	5	4	3	2	1

第四部分　个人信息

请根据您的实际情况，在相应的选项上打钩或画圈（如是电子问卷，请将选项变色）。

1. 您的年龄。

A. 24 岁及以下　　B. 25~35 岁　　C. 36~55 岁　　D. 55 岁以上

2. 您的学历。

A. 高中及以下　　B. 大专　　C. 本科　　D. 硕士及以上

3. 您的婚育状况。

A. 未婚　　　　　　　　B. 已婚，尚无子女

C. 已婚，有子女　　　　D. 其他

4. 您的职业。

A. 国家机关、党群组织及事业单位人员

B. 国企从业者

C. 外企、跨国公司从业者

D. 私营企业从业者

E. 自由职业者

F. 在校学生

G. 其他

5. 您的月收入。

A. 1000 元以下　　　　　　　　B. 1000~3000 元

C. 3001~5000 元　　　　　　　D. 5001~8000 元

E. 8000 元以上

6. 您的月消费。

A. 1000 元以下　　　　　　　　B. 1000~3000 元

C. 3001~5000 元　　　　　　　D. 5001~8000 元

E. 8000 元以上

7. 您的月消费中用来购买化妆品的比例。

A. 10% 以下　　　B. 10%~30%　　C. 31%~50%　　D. 50% 以上

本问卷内容已经全部结束，再次感谢您的支持与配合。

附录4　本土化妆品品牌感知调查问卷

尊敬的受访者：

您好！

这是一份学术研究调查问卷，调查目的是了解您对本土化妆品品牌的感知与评价，您的反馈可以为本土化妆品的品牌塑造提供有益借鉴。

此次问卷调查仅供学术研究和统计分析使用，采用匿名方式填写。对于您提供的资料信息，我们承诺，绝对不会泄露，请您放心回答。

您的宝贵意见对本研究来说极其重要，由衷地感谢您的参与。

敬祝开心快乐！

（说明：本土化妆品指我国自己生产销售、有独立产权的化妆品）

第一部分　基本调查

A1. 您的性别。

A. 男　　　　　　　B. 女

A2. 您的年龄。

A. 18 岁以下　　　B. 18~24 岁　　　C. 25~35 岁

D. 36~50 岁　　　E. 50 岁以上

A3. 您所在的城市_____。

A4. 您的学历。

A. 高中及以下　　B. 大专　　　C. 大学本科　　D. 硕士及以上

A5. 您对本土化妆品所持的态度。

A. 认可，正在使用　　　　　　B. 认可，但没使用过

C. 怀疑　　　　　　　　　　　D. 完全不认可

A6. 您知道的本土化妆品品牌个数。

A. 0 个　　　　　　B. 1~3 个　　　C. 4~6 个

D. 7~10 个　　　　　E. 10 个以上

A7. 在选购化妆品时您倾向于购买的品牌。

A. 本土化妆品品牌　　　　　　B. 外国化妆品品牌

C. 无所谓

A8. 如果购买本土化妆品品牌，您的购买动机（多选）。

A. 价格低　　　　B. 功效好　　　　C. 安全

D. 品牌知名度高　E. 支持信赖国货　F. 品质优良

G. 品牌理念符合自身品位　　　　H. 别人也在用

I. 其他

第二部分　消费者选择和购买化妆品品牌时，影响因素的重要性调查

B1. 在选择购买化妆品品牌时，请按照您认为的重要程度，给以下影响因素在对应的数字上打钩或画圈（5 表示非常重要，4 表示重要，3 表示一般，2 表示不重要，1 表示非常不重要；如是电子问卷，请将选项变色）。

附表 12　　　　　选择购买化妆品影响因素重要性调查

化妆品品牌选择购买影响因素	非常重要 ←5 4 3 2 1→ 非常不重要				
1. 品牌	5	4	3	2	1
2. 价格	5	4	3	2	1
3. 质量	5	4	3	2	1
4. 功效	5	4	3	2	1
5. 成分	5	4	3	2	1
6. 品质	5	4	3	2	1
7. 理念内涵	5	4	3	2	1
8. 个性特色	5	4	3	2	1
9. 亲友或其他消费者推荐	5	4	3	2	1
10. 消费体验	5	4	3	2	1
11. 使用群体的特征	5	4	3	2	1
12. 品牌宣传	5	4	3	2	1

B2. 在选择化妆品品牌时，您认为以下功效哪些重要？请选出您认为重要的前 4 项。

1. _____　2. _____　3. _____　4. _____

A. 补水、保湿润泽　　　　B. 美白

C. 抗衰老、祛皱　　　　　D. 使肌肤紧致

E. 祛斑、祛痘　　　　　　F. 镇静、调节肌肤

B3. 以下是化妆品品牌外观形象的表现形式，请根据您的选择购买体验，对其重要性做出评价（在相应的数字上打钩或画圈，如是电子问卷，请将选项变色；5 表示非常重要，4 表示重要，3 表示一般，2 表示不重要，1 表示非常不重要）。

附表 13　　　　　　　　　品牌外观形象表现形式重要性调查

品牌外观形象表现形式	非常重要 ←5 4 3 2 1→ 非常不重要				
1. 外观设计	5	4	3	2	1
2. 品牌包装	5	4	3	2	1
3. 官网、宣传册设计	5	4	3	2	1
4. 专柜、商超、店铺陈设	5	4	3	2	1
5. 整体风格特色	5	4	3	2	1

B4. 在接触了解化妆品品牌时，请根据您的实际经验，对下列传播方式的重要性做出评价（在相应的数字上打钩或画圈，如是电子问卷，请将选项变色；5 表示非常重要，4 表示重要，3 表示一般，2 表示不重要，1 表示非常不重要）。

附表 14　　　　　　　　　品牌传播方式重要性调查

品牌传播方式	非常重要 ←5 4 3 2 1→ 非常不重要				
1. 广告	5	4	3	2	1
2. 品牌赞助（某品牌赞助某节目或某活动）	5	4	3	2	1
3. 新媒体宣传	5	4	3	2	1
4. 品牌促销活动	5	4	3	2	1
5. 借助热点事件的传播活动	5	4	3	2	1
6. 其他品牌传播活动	5	4	3	2	1

B5. 您选择购买化妆品品牌主要通过什么渠道？（可多选）

A. 专柜、商超、化妆品超市、专卖店

B. 官网

C. O2O 平台（如淘宝网、京东商城、聚美优品、小红书、移动 App 及其他类似的购物平台）

D. 代购

E. 其他

第三部分　消费者对本土化妆品品牌表现的评价

以下是对本土化妆品品牌多方位的描述，下列各条描述是否贴切？请根据您的经验做出评价（在相应的数字上打钩或画圈，如是电子问卷，请将选项变色；5 表示非常符合，4 表示符合，3 表示一般符合，2 表示不符合，1 表示非常不符合）。

附表 15　　　　　　　对化妆品品牌表现的评价调查

对本土化妆品品牌的描述	非常符合←5 4 3 2 1→ 非常不符合				
1. 本土化妆品品牌价格低	5	4	3	2	1
2. 本土化妆品品牌质量好	5	4	3	2	1
3. 本土化妆品品牌功效齐全，可满足消费需求	5	4	3	2	1
4. 本土化妆品品牌成分安全，可放心使用	5	4	3	2	1
5. 本土化妆品品牌更适合我国消费者的肤质	5	4	3	2	1
6. 本土化妆品品牌品质优良	5	4	3	2	1
7. 本土化妆品品牌给人愉快的消费体验	5	4	3	2	1
8. 本土化妆品品牌的理念内涵主张让消费者产生积极的品牌联想	5	4	3	2	1
9. 本土化妆品品牌个性独特，与其他品牌形成了鲜明的区别	5	4	3	2	1
10. 本土化妆品品牌的外观设计新颖独特	5	4	3	2	1
11. 本土化妆品品牌的包装精致，彰显品质	5	4	3	2	1
12. 本土化妆品品牌的官网、宣传册对消费者有吸引力	5	4	3	2	1
13. 本土化妆品品牌专柜、商超、店铺陈设吸引消费者驻足	5	4	3	2	1

续表

对本土化妆品品牌的描述	非常符合←5 4 3 2 1→ 非常不符合				
14. 本土化妆品品牌整体设计风格易于识别	5	4	3	2	1
15. 本土化妆品品牌广告表现具有吸引力	5	4	3	2	1
16. 本土化妆品品牌的赞助活动促进消费者对品牌的了解	5	4	3	2	1
17. 本土化妆品品牌的新媒体宣传提高了品牌知名度	5	4	3	2	1
18. 本土化妆品品牌的促销活动促进消费者选购	5	4	3	2	1
19. 本土化妆品品牌借助热点事件进行的传播活动加深了消费者对品牌的印象	5	4	3	2	1
20. 本土化妆品品牌借助 O2O 平台吸引和扩大了用户群体	5	4	3	2	1

附录5　深度访谈样例

　深度访谈

序号	姓名	性别	问题	答案
1	游某	男	你最近有没有注意到有很多男明星代言非男性化妆品	没注意过
			你如何看待男明星代言非男性化妆品，会不会有不适感	市场需求，不奇怪。用不同于往常的形式去呈现，会让人记忆深刻
			你对化妆品了解吗	不了解
			当你必须为女性挑选化妆品时，你如何挑选，广告对你影响大吗	会查网店销售最好的，并查看相关评价，广告对我的影响不大
2	李某	男	你最近有没有注意到有很多男明星代言非男性化妆品	没注意过
			你如何看待男明星代言非男性化妆品，会不会有不适感	很正常，不觉得奇怪，因为男性也需要护肤，时代不同了，所以男性也可以给女性化妆品代言
			你对化妆品了解吗	不了解，我只知道自然堂、妮维雅
			当你必须为女性挑选化妆品时，你如何挑选，广告对你影响大吗	选贵的，选名牌，选副作用小的，上网查哪个牌子的化妆品好

序号	姓名	性别	问题	答案
3	王某	女	你最近有没有注意到有很多男明星代言非男性化妆品	没注意过
			你如何看待男明星代言非男性化妆品，会不会有不适感	可以接受，但觉得不太适合
			你在购买化妆品时，首先考虑什么因素，广告对你影响大不大	看性价比，不怎么看广告，喜欢直接去实体店、屈臣氏等听售货员介绍
4	张某	女	你最近有没有注意到有很多男明星代言非男性化妆品	注意到了
			你如何看待男明星代言非男性化妆品，会不会有不适感	刚开始觉得奇怪，但后来觉得还不错，挺特别的，会记住
			你在购买化妆品时，首先考虑什么因素，广告对你影响大不大	关注美妆博主、网友的分享心得，没有时间看广告
5	高某	女	你最近有没有注意到有很多男明星代言非男性化妆品	注意到了
			你如何看待男明星代言非男性化妆品，会不会有不适感	可以接受，反正人人都化妆，漂亮的男生都会化妆
			你在购买化妆品时，首先考虑什么因素，广告对你影响大不大	看网上的推荐，然后进一步研究；不相信广告

序号	姓名	性别	问题	答案
6	杨某	女	你最近有没有注意到有很多男明星代言非男性化妆品	注意到了
			你如何看待男明星代言非男性化妆品，会不会有不适感	不奇怪，因为都是"小鲜肉""男神"
			你在购买化妆品时，首先考虑什么因素，广告对你影响大不大	看广告，看网上的直播视频推荐
7	刘某	女	你最近有没有注意到有很多男明星代言非男性化妆品	注意到了
			你如何看待男明星代言非男性化妆品，会不会有不适感	无感，不相信，不会买这些产品，因为不追星，男的肤质跟我的不一样，很多广告都是请韩国"小鲜肉"，都是化妆化出来的，不可信
			你在购买化妆品时，首先考虑什么因素，广告对你影响大不大	都是朋友推荐，然后比较价格，看适不适合自己的肤质，不会因为看到广告而特意去了解

附录6 化妆品标识管理规定

第一章 总 则

第一条 为了加强对化妆品标识的监督管理,规范化妆品标识的标注,防止质量欺诈,保护消费者的人身健康和安全,根据《中华人民共和国产品质量法》《中华人民共和国标准化法》《中华人民共和国工业产品生产许可证管理条例》《国务院关于加强食品等产品安全监督管理的特别规定》等法律法规,制定本规定。

第二条 在中华人民共和国境内生产(含分装)、销售的化妆品的标识标注和管理,适用本规定。

第三条 本规定所称化妆品是指以涂抹、喷、洒或者其他类似方法,施于人体(皮肤、毛发、指趾甲、口唇齿等),以达到清洁、保养、美化、修饰和改变外观,或者修正人体气味,保持良好状态为目的的产品。

本规定所称化妆品标识是指用以表示化妆品名称、品质、功效、使用方法、生产和销售者信息等有关文字、符号、数字、图案以及其他说明的总称。

第四条 国家质量监督检验检疫总局(以下简称国家质检总局)在其职权范围内负责组织全国化妆品标识的监督管理工作。

县级以上地方质量技术监督部门在其职权范围内负责本行政区域内化妆品标识的监督管理工作。

第二章 化妆品标识的标注内容

第五条 化妆品标识应当真实、准确、科学、合法。

第六条 化妆品标识应当标注化妆品名称。

化妆品名称一般由商标名、通用名和属性名三部分组成,并符合下列要求：

（一）商标名应当符合国家有关法律、行政法规的规定；

（二）通用名应当准确、科学，不得使用明示或者暗示医疗作用的文字，但可以使用表明主要原料、主要功效成分或者产品功能的文字；

（三）属性名应当表明产品的客观形态，不得使用抽象名称；约定俗成的产品名称，可省略其属性名。

国家标准、行业标准对产品名称有规定的，应当标注标准规定的名称。

第七条　化妆品标注"奇特名称"的，应当在相邻位置，以相同字号，按照本规定第六条规定标注产品名称；并不得违反国家相关规定和社会公序良俗。

同一名称的化妆品，适用不同人群，不同色系、香型的，应当在名称中或明显位置予以标明。

第八条　化妆品标识应当标注化妆品的实际生产加工地。

化妆品实际生产加工地应当按照行政区划至少标注到省级地域。

第九条　化妆品标识应当标注生产者的名称和地址。生产者名称和地址应当是依法登记注册、能承担产品质量责任的生产者的名称、地址。

有下列情形之一的，生产者的名称、地址按照下列规定予以标注：

（一）依法独立承担法律责任的集团公司或者其子公司，应当标注各自的名称和地址；

（二）依法不能独立承担法律责任的集团公司的分公司或者集团公司的生产基地，可以标注集团公司和分公司（生产基地）的名称、地址，也可以仅标注集团公司的名称、地址；

（三）实施委托生产加工的化妆品，委托企业具有其委托加工的化妆品生产许可证的，应当标注委托企业的名称、地址和被委托企业的名称，或者仅标注委托企业的名称和地址；委托企业不具有其委托加工化妆品生产许可证的，应当标注委托企业的名称、地址和被委托企业的名称；

（四）分装化妆品应当分别标注实际生产加工企业的名称和分装者的名称及地址，并注明分装字样。分装进口化妆品的，应当同时标注进口化妆品的原产地（国家/地区）以及分装者的名称及地址，并标明分装字样。

第十条　化妆品标识应当清晰地标注化妆品的生产日期和保质期或者生产批号和限期使用日期。

第十一条　化妆品标识应当标注净含量。净含量的标注依照《定量包装商品计量监督管理办法》执行。液态化妆品以体积标明净含量；固态化妆品以质量标明净含量；半固态或者黏性化妆品，用质量或者体积标明净含量。

第十二条 化妆品标识应当标注全成分表。标注方法及要求应当符合相应的标准规定。

第十三条 化妆品标识应当标注企业所执行的国家标准、行业标准号或者经备案的企业标准号。

化妆品标识必须含有产品质量检验合格证明。

第十四条 化妆品标识应当标注生产许可证标志和编号。生产许可证标志和编号应当符合《中华人民共和国工业产品生产许可证管理条例实施办法》的有关规定。

第十五条 化妆品根据产品使用需要或者在标识中难以反映产品全部信息时，应当增加使用说明。使用说明应通俗易懂，需要附图时须有图例示。

凡使用或者保存不当容易造成化妆品本身损坏或者可能危及人体健康和人身安全的化妆品、适用于儿童等特殊人群的化妆品，必须标注注意事项、中文警示说明，以及满足保质期和安全性要求的储存条件等。

第十六条 化妆品标识不得标注下列内容：

（一）夸大功能、虚假宣传、贬低同类产品的内容；

（二）明示或者暗示具有医疗作用的内容；

（三）容易给消费者造成误解或者混淆的产品名称；

（四）其他法律、法规和国家标准禁止标注的内容。

第三章　化妆品标识的标注形式

第十七条 化妆品标识不得与化妆品包装物（容器）分离。

第十八条 化妆品标识应当直接标注在化妆品最小销售单元（包装）上。化妆品有说明书的应当随附于产品最小销售单元（包装）内。

第十九条 透明包装的化妆品，透过外包装物能清晰地识别内包装物或者容器上的所有或者部分标识内容的，可以不在外包装物上重复标注相应的内容。

第二十条 化妆品标识内容应清晰、醒目、持久，使消费者易于辨认、识读。

第二十一条 化妆品标识中除注册商标标识之外，其内容必须使用规范中文。使用拼音、少数民族文字或者外文的，应当与汉字有对应关系，并符合本规定第六条规定的要求。

第二十二条　化妆品包装物（容器）最大表面面积大于 20 平方厘米的，化妆品标识中强制标注内容字体高度不得小于 1.8 毫米。除注册商标之外，标识所使用的拼音、外文字体不得大于相应的汉字。

化妆品包装物（容器）的最大表面的面积小于 10 平方厘米且净含量不大于 15 克或者 15 毫升的，其标识可以仅标注化妆品名称，生产者名称和地址，净含量，生产日期和保质期或者生产批号和限期使用日期。产品有其他相关说明性资料的，其他应当标注的内容可以标注在说明性资料上。

第二十三条　化妆品标识不得采用以下标注形式：

（一）利用字体大小、色差或者暗示性的语言、图形、符号误导消费者；

（二）擅自涂改化妆品标识中的化妆品名称、生产日期和保质期或者生产批号和限期使用日期；

（三）法律、法规禁止的其他标注形式。

第四章　法律责任

第二十四条　违反本规定第六条、第七条规定，化妆品标识未标注化妆品名称或者标注名称不符合规定要求的，责令限期改正；逾期未改正的，处以 1 万元以下罚款。

第二十五条　违反本规定第八条、第九条，化妆品标识未依法标注化妆品实际生产加工地或者生产者名称、地址的，责令限期改正；逾期未改正的，处以 1 万元以下罚款。

属于伪造产品产地、伪造或者冒用他人厂名、厂址的，按照《中华人民共和国产品质量法》第五十三条的规定处罚。

第二十六条　违反本规定第十条、第十五条的，按照《中华人民共和国产品质量法》第五十四条的规定处罚。

第二十七条　违反本规定第十一条，未按规定标注净含量的，按照《定量包装商品计量监督管理办法》的规定处罚。

第二十八条　违反本规定第十二条，化妆品标识未标注全成分表，标注方法和要求不符合相应标准规定的，责令限期改正；逾期未改正的，处以 1 万元以下罚款。

第二十九条　违反本规定第十三条，未标注产品标准号或者未标注质量检验合格证明的，责令限期改正；逾期未改正的，处以 1 万元以下罚款。

第三十条　违反本规定第十四条，未依法标注生产许可证标志和编号的，按照《中华人民共和国工业产品生产许可证管理条例》第四十七条的规定处罚。

第三十一条　违反本规定第十七条的，责令限期改正；逾期未改正的，处以 1 万元以下罚款；违反有关法律法规规定的，依照有关法律法规规定处理。

第三十二条　违反本规定第十八条、第十九条的，责令限期改正；逾期未改正的，处以 1 万元以下罚款。

第三十三条　违反本规定第二十二条、第二十三条的，责令限期改正；逾期未改正的，处以 1 万元以下罚款。

第三十四条　违反本规定第二十四条规定的，责令限期改正，并处以 5000 元以下罚款；逾期未改正的，处以 1 万元以下罚款。

第三十五条　本章规定的行政处罚，由县级以上地方质量技术监督部门在职权范围内依法实施。

法律、行政法规对行政处罚另有规定的，从其规定。

第五章　附　　则

第三十六条　进出口化妆品标识的管理，由出入境检验检疫机构按照国家质检总局有关规定执行。

第三十七条　本规定由国家质检总局负责解释。

第三十八条　本规定自 2008 年 9 月 1 日起施行。

参考文献

［1］弗洛伊德．自我与本我［M］．林尘，等译．上海：上海译文出版社，2011：7－8.

［2］詹姆斯．心理学原理［M］．田平，译．北京：中国城市出版社，2010：185－197.

［3］ROSENBERG MORRIS. Conceiving the self［M］. New York：Basic Books，1979：7.

［4］高觉敷．西方近代心理学史［M］．北京：人民教育出版社，2001.

［5］乐国安．社会心理学［M］．北京：中国人民大学出版社，2009：68－72.

［6］梁辉煌．消费者自我概念与品牌个性一致性对品牌偏好的影响研究［D］．长沙：湖南大学，2007.

［7］赵必华．国外自我概念结构与测量研究综述［J］．集美大学学报，2008（1）：51－54.

［8］郭为藩．自我心理学［M］．台北：师大书苑，1996：112－234.

［9］符国群．消费者行为学［M］．北京：高等教育出版社，2001.

［10］杨晓燕．中国女性消费行为理论解密［M］．北京：中国对外经济贸易出版社，2003.

［11］王海艳．消费者自我概念研究述评［J］．产业与科技论坛，2007（7）：157－159.

［12］曹灵芝，孙国翠．品牌个性研究述评［J］．经济研究导刊，2009（15）：185－186.

［13］黄胜兵，卢泰宏．品牌个性维度的本土化研究［J］．南开管理评论，2003（1）：4－9.

［14］叶燕芳．旅游目的地品牌个性、游客自我概念与游客行为倾向的关系研究［D］．广州：华南理工大学，2012.

［15］尹盛焕．中国消费者对韩国产品选择的研究［D］．北京：清华大学，2005．

［16］周国清，龚军辉．期刊品牌个性的塑造［J］．河南大学学报（社会科学版），2008（3）：178－181．

［17］谢芳.3G 手机品牌个性对消费者品牌偏好的影响研究［D］．南昌：江西财经大学，2012．

［18］吴明隆．问卷统计分析实务：SPSS 操作与应用［M］．重庆：重庆大学出版社，2010．

［19］黄雪涛．透视护肤品牌世界［M］．上海：上海科学技术出版社，2010．

［20］曹高举．消费者自我概念、生活方式与选购产品品牌个性关系的研究［D］．杭州：浙江大学，2005．

［21］孙宁．女性消费者自我概念导向手机产品形象实证研究［D］．无锡：江南大学，2008．

［22］何蕊，李超英，车燚，等．化妆品行业的现状与趋势分析［J］．日用化学品科学，2015（3）：10．

［23］毕涛．中国化妆品行业发展现状及策略［J］．环球市场信息导报，2013（39）：9．

［24］郭华山，李永帅．化妆品行业发展状况以及进出口市场分析［J］．日用化学品科学，2011（7）：13．

［25］任刚．本土化妆品企业的品牌战略研究［D］．上海：华东理工大学，2012．

［26］张潇尹．国产化妆品品牌塑造研究［D］．太原：山西财经大学，2011．

［27］万卫，贺译云．我国民族化妆品品牌现状及策略分析［J］．现代经济信息，2013（14）：359．

［28］王瑛．佰草集品牌塑造与传播研究［D］．成都：四川外国语大学，2014．

［29］熊鹰．中华老字号化妆品品牌转型策略研究［D］．南昌：南昌大学，2013．

［30］罗子明．消费者心理学［M］．北京：清华大学出版社，2017．

［31］所罗门，卢泰宏．消费者行为学［M］．北京：电子工业出版

社，2006.

［32］陈铁民．信息加工认知心理学述评［J］．厦门大学学报（哲学社会科学版），1993（3）：13.

［33］刘红菊．化妆品品牌策划与创意［M］．北京：人民邮电出版社，2015.

［34］王俊峰，王岩，鲁永奇．国外品牌重塑研究综述［J］．外国经济与管理，2014，36（2）：46-54.

［35］王俊峰，王岩，马越．企业品牌重塑：驱动力、策略及过程模型研究［J］．长春理工大学学报（社会科学版），2014，27（2）：76-79.

［36］鹿麟．品牌重塑策略研究［J］．中国外资，2014（1S）：122.

［37］邹玥名．中国奢侈品品牌塑造与发展战略研究［D］．重庆：重庆工商大学，2009.

［38］高晓倩．价格折扣对消费者感知价值和行为意向的影响［J］．辽宁工程技术大学学报（社会科学版），2012，14（5）：461.

［39］董雅丽，何丽君．基于消费者感知价值的品牌忠诚研究［J］．商业研究，2008（11）．

［40］段小明，胡波，郑兴华，等．化妆品市场现状及发展趋势分析［J］．日用化学品科学，2013，36（11）：1.

［41］舒尔茨，等．重塑消费者：品牌关系［M］．沈虹，郭嘉，等，译．北京：机械工业出版社，2015：9.

［42］黄静．品牌营销［M］．2版．北京：北京大学出版社，2014：26.

［43］余伟萍．品牌管理［M］．北京：清华大学出版社，2007.

［44］罗子明．品牌传播研究［M］．北京：企业管理出版社，2015.

［45］高源，陈海超．百雀羚：老树新花有秘密［J］．销售与市场，2013（2）：57.

［46］张冠琼．谁在购买百雀羚　国货老品牌复兴之后的消费者心理研究［J］．现代商业，2012（18）：22.

［47］杨蕾．中国国产化妆品消费者行为影响因素分析：以青岛市为例［D］．青岛：中国海洋大学，2015.